世界のエリートはなぜ「美意識」を鍛えるのか？

経営における「アート」と「サイエンス」

山口周

光文社新書

目次

第1章 論理的・理性的な情報処理スキルの限界

はじめに

名門美術学校の意外な上顧客

英国のロイヤルカレッジオブアート（以下ＲＣＡ）は、修士号・博士号を授与できる世界で唯一の美術系大学院大学です。２０１５年のＱＳ世界大学ランキングでは「アート・デザイン分野」の世界第1位に選出されており、視覚芸術分野では世界最高の実績と評価を得ている学校と言っていいでしょう。ちなみに、次々と革新的な家電製品を世に送り出しているダイソン社の創業者であるジェームズ・ダイソンは、このＲＣＡでプロダクトデザインを学んでいます。

さて、このＲＣＡが、ここ数年のあいだ、企業向けに意外なビジネスを拡大しつつあるのですが、なんだと思いますか？

それは「**グローバル企業の幹部トレーニング**」です。

現在、ＲＣＡでは様々な種類のエグゼクティブ向けのプログラムを用意しており、自動車のフォード、クレジットカードのビザ、製薬のグラクソ・スミスクラインといった名だたるグローバル企業が、各社の将来を担うであろうと期待されている幹部候補を参加させています。

世界的に高名な美術系大学院とグローバル企業の幹部というのは、どう考えても連想ゲームの最初に出てくる組み合わせではありません。しかし、こういった取り組みは全世界的なトレンドになりつつあるようなのです。

英国の経済紙フィナンシャルタイムズは、２０１６年11月13日に掲載された「The art school MBA that promotes creative innovation（美術大学のＭＢＡが創造的イノベーションを加速する）」と題した記事で、いわゆる伝統的なビジネススクールへのＭＢＡ出願数が減少傾向にある一方で、アートスクールや美術系大学によるエグゼクティブトレーニングに、多くのグローバル企業が幹部を送り込み始めている実態を報じています。

「仕事が忙しくって美術館なんかに行っている暇なんかないよ」と嘯《うそぶ》く日本のビジネスパーソンからすれば、グローバル企業の幹部候補生が大挙して美術系大学院でトレーニングを受けているという風景は奇異に思われるかもしれません。しかし、こういった傾向はすでに10年ほど前から顕在化しつつありました。

例えば「The MFA is the new MBA」（ＭＦＡ＝芸術学修士は新しいＭＢＡである）と題した記事がハーバード・ビジネス・レビューに掲載されたのは、２００８年のことです。すでにこの記事では、先進的なグローバル企業において、ＭＢＡで学ぶような分析的でアクチュアルなスキルよりも、美術系大学院で学ぶような統合的でコンセプチュアルなスキルの重要性が高まっていることを報じています。

また２００５年に出版され、世界的なベストセラーとなったダニエル・ピンクの『ハイ・コンセプト』では、多くのビジネスが機能の差別化から情緒の差別化へと競争の局面をシフトさせている中、粗製濫造によって希少性が失われつつあるＭＢＡと、ごく限られた人しか入学できないＭＦＡとを比較し、学位としての価値が逆転しつつあることを指摘しています。

さらに、クリエイティビティとリーダーシップを繋げ、問題解決におけるロジカルアプローチとは異なるデザイン思考のプログラムが本格的にスタンフォード大学で始まったのも10年ほど前のことですし、北欧系のビジネススクールが「創造性」をカリキュラムの中心に据え、いわゆる「クリエイティブリーダーシップ」を看板に掲げるようになったのもここ数年のことです。

　こういったトレンドを大きく括れば「グローバル企業の幹部候補、つまり世界で最も難易度の高い問題の解決を担うことを期待されている人々は、これまでの論理的・理性的スキルに加えて、直感的・感性的スキルの獲得を期待され、またその期待に応えるように、各地の先鋭的教育機関もプログラムの内容を進化させている」ということになります。

　実は、こういった変化については、しばしばアート側の関係者の中でも話題になっていました。私は大学院でキュレーションを専攻したのち、畑違いのコンサルティングの仕事に進みましたが、同窓生の多くはなんらかの形で美術の世界と関わる仕事をやっています。アート業界に長いこと身をおいている彼らに言わせると、ここ数年で美術館を訪れる人たちの顔ぶれが変わってきた、と言うんですね。

　例えば、ニューヨークのメトロポリタン美術館やロンドンのテート・ギャラリーなどの大型美術館には、社会人向けのギャラリートークのプログラムが用意されています。ギャラリートークとは、キュレーターがギャラリーと一緒にアートを鑑賞しながら、作品の美術史上の意味合いや見どころ、制作にまつわる逸話などを参加者に解説してくれる教育プログラムの一種です。アート関係者の話によると、このギャラリートークへの参加者の顔ぶれが大きく変わってきたというのです。

確かに、例えばニューヨークのメトロポリタン美術館で実施されている早朝のギャラリートークに参加してみると、以前は旅行者と学生でほとんど占められていた参加者の中に、ここ数年は、グレースーツに身を包んだ知的プロフェッショナルと思しき人たちをよく見かけるようになりました。彼らは、忙しい出勤前の時間をわざわざ割いて、ギャラリートークに参加してアートの勉強をしているわけです。

世界的に高名な美術系大学院に幹部候補を送り込むグローバル企業、あるいは早朝のギャラリートークに参加しているニューヨークやロンドンの知的専門職の人たちは、いったい何を求めているのでしょうか。

そう、本書の題名通りに問えば、世界のエリートはなぜ「美意識」を鍛えるのでしょう？

これから、読者の皆様と一緒にその答えを探しにいきましょう。

忙しい読者のために

なぜ、世界のエリートは「美意識」を鍛えるのか？

この、本書で立てた「大きな問い」について、忙しい読者のために、ここでまとめて回答を述べておきたいと思います。この回答以降の本書の内容は、すべてこの短い回答の脚注に過ぎないということになります。

グローバル企業が世界的に著名なアートスクールに幹部候補を送り込む、あるいはニューヨークやロンドンの知的専門職が、早朝のギャラリートークに参加するのは、虚仮威《こけおど》しの教養を身につけるためではありません。彼らは極めて**功利的な目的のために「美意識」を鍛えている。**なぜなら、**これまでのような「分析」「論理」「理性」に軸足をおいた経営、いわば「サイエンス重視の意思決定」では、今日のように複雑で不安定な世界においてビジネスの舵《かじ》取《と》りをすることはできない**、ということをよくわかっているからです。

では、そのように考える具体的な理由はなんなのでしょうか？

今回、本書の執筆にあたっては、多くの企業・人にインタビューをさせていただきましたが、共通して指摘された回答をまとめれば次の三つとなります。

1．論理的・理性的な情報処理スキルの限界が露呈しつつある

最も多く指摘されたのが「論理的・理性的な情報処理スキルの限界」という問題です。この問題の発生については、大きく二つの要因が絡んでいます。

一つ目は、多くの人が分析的・論理的な情報処理のスキルを身につけた結果、世界中の市場で発生している「**正解のコモディティ化**」という問題です。

長いこと、分析的で論理的な情報処理のスキルは、ビジネスパーソンにとって必須のものだとされてきました。しかし、正しく論理的・理性的に情報処理をするということは、「他人と同じ正解を出す」ということでもあるわけですから、必然的に「**差別化の消失**」という問題を招くことになります。本書の主たるテーマは「経営におけるアートとサイエンスのバランス」ですが、経営の意思決定が過度に「サイエンス」に振れると、必ずこの問題が発生することになります。

二つ目は、分析的・論理的な情報処理スキルの「**方法論としての限界**」です。

昨今のグローバルカンファレンスではよく「VUCA」という言葉が聞かれます。もともとは米国陸軍が現在の世界情勢を表現するために用いた造語ですが、今日では様々な場所で聞かれるようになりました。「VUCA」とは「Volatility＝不安定」「Uncertainty＝不確実」「Complexity＝複雑」「Ambiguity＝曖昧」という、今日の世界の状況を表す四つの単語の頭文字を組み合わせたものです。

このような世界において、いたずらに論理的で理性的であろうとすれば、それは経営における問題解決能力や創造力の麻痺をもたらすことになります。

これまで有効とされてきた論理思考のスキルは、問題の発生とその要因を単純化された静的な因果関係のモデルとして抽象化し、その解決方法を考えるというアプローチをとります。しかし、問題を構成する因子が増加し、かつその関係が動的に複雑に変化するようになると、この問題解決アプローチは機能しません。

このような世界において、あくまで論理的・理性的であろうとすれば、いつまでも合理性は担保されず、意思決定は膠着《こうちゃく》することになります。

経営の意思決定における合理性の重要さを最初に指摘したのは経営学者のイゴール・アンゾフですが、彼は同時に過度な分析志向・論理志向の危険性もまた指摘しています。アンゾフは、1965年に著した『企業戦略論』において、合理性を過剰に求めることで企業の意思決定が停滞状態に陥る可能性を指摘し、その状態を「分析麻痺」という絶妙な言葉で表現しました。そして、私が見るかぎり、この状況は多くの日本企業において発生している問題でもあります。

このように様々な要素が複雑に絡み合うような世界においては、要素還元主義の論理思考アプローチは機能しません。そこでは**全体を直覚的に捉える感性と、「真・善・美」が感じられる打ち手を内省的に創出する構想力や創造力が、求められる**ことになります。

2．世界中の市場が「自己実現的消費」へと向かいつつある

ノーベル経済学賞を受賞したロバート・ウィリアム・フォーゲルは「世界中に広まった豊かさは、全人口のほんの一握りの人たちのものであった『自己実現の追求』を、ほとんどの全ての人に広げることを可能にした」と指摘しています。

人類史においてはじめてと言っていい「全地球規模での経済成長」が進展しつつあるいま、世界は巨大な「自己実現欲求の市場」になりつつあります。このような市場で戦うためには、精密なマーケティングスキルを用いて論理的に機能的優位性や価格競争力を形成する能力よ

りも、**人の承認欲求や自己実現欲求を刺激するような感性や美意識が重要**になります。

人間の欲求を、最も低位の「生存の欲求」から、最も上位の「自己実現欲求」の5段階に分類できるという考え方、いわゆる「欲求5段階説」を提唱したのはエイブラハム・マズロー（＊1）でした。この枠組みで考えれば、経済成長に伴う生活水準の上昇によって、商品やサービスに求められる便益は、「安全で快適な暮らしをしたい＝安全欲求」を満たすものから、徐々に「集団に属したい＝帰属欲求」へ、さらに「他者から認められたい＝承認欲求」へと進むことになり、最終的には「自分らしい生き方を実現したい＝自己実現欲求」へと進展することになります。

先進国における消費行動が「自己表現のための記号の発信」に他ならないことを明確に指摘したのはフランスの思想家であるジャン・ボードリヤールでしたが、この指摘はもはや先進国においてだけでなく、多くの発展途上国にも当てはまるようになってきています。ひっくるめて言えば、全ての消費ビジネスがファッション化しつつあるということです。このような世界においては、企業やリーダーの「美意識」の水準が、企業の競争力を大きく左右することになります。

＊1　おそらくこのような前提をおいて書くと「マズローの欲求5段階説は実証実験では証明されず、

アカデミアの世界では眉唾と考えられていることを知らないのか」といった反論があると思います。これは本書執筆の基本的な態度とも関係するのでここでまとめて、そういった類の「科学的に検証できていない」という反論について答えておきたいと思います。科学においては「真偽」の判定が重要になりますが、「科学的に検証できない」ということは、「真偽がはっきりしていない」ということを意味するだけで、その命題が「偽」であることを意味しません。本書のテーマは経営における「アート」と「サイエンス」の相克であり、サイエンスだけに依存した情報処理は経営の意思決定を凡百で貧弱なものにするというのが筆者の主張です。同様に、本書の主張をより豊かなものにするために、筆者は「アート」と「サイエンス」の両方、つまり思考における「論理」と「直感」の双方を用いており、であるが故に筆者が個人的に「直感的に正しい」と考えたものについては、必ずしも科学的根拠が明確ではない場合においても、それを「正しい」（と思う）とする前提で論を進めていることを、ここに断っておきます。

3. システムの変化にルールの制定が追いつかない状況が発生している

現在、社会における様々な領域で「法律の整備が追いつかない」という問題が発生しています。システムの変化に対してルールが事後的に制定されるような社会において、明文化された法律だけを拠り所にして判断を行うという考え方、いわゆる実定法主義は、結果として大きく倫理を踏み外すことになる恐れがあり、非常に危険です。この危険性をわかりやすい形で示していたのが旧ライブドアや一連のＤｅＮＡの不祥事でした。

現在のように変化の早い世界においては、ルールの整備はシステムの変化に引きずられる形で、後追いでなされることになります。そのような世界において、クオリティの高い意思決定を継続的にするためには、明文化されたルールや法律だけを拠り所にするのではなく、**内在的に「真・善・美」を判断するための「美意識」が求められることになります。**

グーグルは英国の人工知能ベンチャー＝ディープマインドを買収した際、社内に人工知能の暴走を食い止めるための倫理委員会を設置したと言われています。人工知能のように進化・変化の激しい領域においては、その活用を律するディシプリンを外部に求めることは大きく倫理に悖《もと》るリスクがあると考え、その判断を内部化する決定を下したわけです。先述した旧ライブドアやＤｅＮＡと比較すれば、企業哲学のレベルとして「格が違う」と言わざるを得ません。

システムの変化に法律の整備が追いつかないという現在のような状況においては、明文化された法律だけを拠り所にせず、自分なりの「真・善・美」の感覚、つまり「美意識」に照らして判断する態度が必要になります。

ここまでは、幹部候補生を、ＲＣＡなどのアートスクールや、米国のアスペン研究所などの哲学ワークショップに送り込んでいるグローバル企業の人材育成担当者による回答をまとめて紹介しました。以後は、本書において、それぞれの項目についてより詳細に考察を進めてみましょう。

本書における「経営の美意識」の適用範囲

一般に、ビジネスの文脈で「美意識」を扱うということになると、それはプロダクトデザインや広告宣伝など、いわゆる「クリエイティブ」の領域に関する議論と考えられがちでしょう。しかし本書では「経営における美意識」という概念を一般通念よりも拡大し、いわば「懐の深い概念」として用います。

ビジネスの世界における「良い」を考えてみた場合、その「良さ」は、企業活動の様々な側面における判断基準となります。

例えば、合理的で効果的な経営戦略は「良い」と言えるでしょう。経営学における企業戦略論は、経営戦略における合理性などの「良さ」を追求する学問だと言えます。あるいは、法令を遵守し、道徳的であろうとする社風は、企業風土として「良い」と言えるでしょう。

ひっくるめて言えば、本書では、「経営における美意識」という言葉を、これらの様々な企業活動の側面における「良い」「悪い」を、判断するための認識基準として用います。例えば次のような具合です。

◎従業員や取引先の心を掴み、ワクワクさせるような「ビジョンの美意識」
◎道徳や倫理に基づき、自分たちの行動を律するような「行動規範の美意識」
◎自社の強みや弱みに整合する、合理的で効果的な「経営戦略の美意識」
◎顧客を魅了するコミュニケーションやプロダクト等の「表現の美意識」

しかし、なぜそのような認識基準が必要なのか？

現在、企業活動の「良さ」は、様々な評価指標＝ＫＰＩによって計量されています。典型的にはそれは、「資本回転率」であったり「生産性」であったりするわけですが、このような指標で計ることができるのは、当然のことながら企業活動の中でもごく一部の「計測可能な側面」に限定されることになります。しかし、企業活動というのは極めて多岐にわたる複雑な要素によって構成される全体的システムであり、従って経営の健全性は、必ずしもこのような「計測可能な指標」だけによって計れるわけではありませんし、そもそも、計られるべきではないでしょう。

しかし、残念ながら現在の日本企業の多くは、経営に関わる人たちの美意識がほとんど問われず、計測可能な指標だけをひたすら伸ばしていく一種のゲームのような状態に陥っていて、それが続発するコンプライアンス違反の元凶になっています。

このような状況は、とりもなおさず筆者が長年勤めているコンサルティング産業がマッチポンプのように焚きつけたことで招いた状況という側面もあり、忸怩《じくじ》たる思いがあります。

この点については後ほど詳しく触れますが、コンサルティング会社が提供している付加価値を一言で言えば、「経営にサイエンスを持ち込む」ということになります。サイエンスに依拠する以上、その判断の立脚点はどうしても数値にならざるを得ません。コンサルティング会社がやたらと「生産性」や「資本回転率」などの「数値」を使って経営の「ダメさ」を指摘して脅すのは、彼らがそのような「言語」しか持っていないからなんですね。

しかし、このような「数値」だけに頼って経営の健全性をチェックし、改めようと思っても、どうしても限界があります。なぜなら企業というのは人の集積で出来上がっており、ビジネスというのは人と人のコミュニケーションによって成立しているからです。こんなことは少し考えてみれば子供にだってわかる、じつに当たり前のことなのですが、先述した通り、コンサルティング会社が主導して流布させた「全てを数値化して管理する」という一種の幻想が浸透した結果、昨今では忘れ去られてしまっているように思えます。

さて、筆者が講演会やワークショップなどで「経営を数値だけで管理することはできないし、すべきでもない」という指摘をすると、よく「測定できないものは管理できない、と（ピーター・）ドラッカーも言っているではないか」という反論をいただきます。

この指摘は「定量的で論理的な根拠がなければ意思決定できない」というタイプの人、つまり美意識に基づいて判断する胆力やリーダーシップを持たない人が、難しい意思決定を忌避しようとする際に用いる方便としてはとても使いやすいこともあり、今日では様々な企業や官庁で聞かれる反論なのですが、二つの点で完全に間違っています。

まず一点目は、この指摘は、そもそもドラッカーのものではなく、エドワーズ・デミング博士によるものだという点です。

そして二点目は、この指摘の前後にもともとあった文言が抜け落ちているため、結果的にデミング博士が伝えようとしたオリジナルのメッセージとは大きく異なるものになっているという点です。

デミング博士が指摘したオリジナルの原文は次の通りです。

It is wrong to suppose that if you can't measure it, you can't manage it – a costly myth.（＊2）

測定できないものは管理できない、と考えるのは誤りである。これは代償の大きい誤解だ。

そう、全く逆のことを言っているんですね。

オリジナルの文脈から切り出された箴言《しんげん》や名言の多くは、人をミスリードする誤解の元になっていますが、このデミング博士の指摘は、その典型例と言えるものです。

エドワーズ・デミング博士は、特に品質管理や生産管理の側面で、「日本的経営」のあり方に最も大きな影響を与えた外国人であり、日本的経営にサイエンスの視点を持ち込んだ張本人と言える人物です。その、デミング博士が「測定できるものだけで経営を管理しようとしてはいけない」と言っているわけです。

では「測定できないもの」「必ずしも論理でシロクロつかないもの」については、どうやって判断すればいいのか？

そこにこそ「**リーダーの美意識**」**が問われる**、というのが本書の回答ということになります。つまり、本書における「美意識」とは、経営における「真・善・美」を判断するための認識のモード、ということになります。

「真・善・美」の判断における理性と感性の問題について、人生をかけて徹底的に考察したのが18世紀後半に活躍したドイツの哲学者、イマヌエル・カントでした。カントは『純粋理性批判』『実践理性批判』『判断力批判』という三つの主著を残していますが、これら三つの著書は、それぞれが「真・善・美」の判断について考察したものだと考えてもらって構いません。

どれも極めて難解な本なのですが、全体を通じてカントが指摘しているのは、認識のモードを「理性」だけに依存するのは危険であり、正しい認識や判断には「快・不快」といった感性の活用が不可欠だということです。

例えばカントは『判断力批判』の中で、次のような指摘をしています。

> 美とはなんらかの対象の合目的性の形式であるが、それは当の合目的性が目的の表象を欠きながら、その対象について知覚されるかぎりのことである。

いかにもカントらしい、実にわかりにくい文章ですが、少し乱暴に意訳すれば、「美しい、ということはなんらかの普遍的妥当性がある」という解釈で、まずは構わないでしょう。

カントは「良い」という言葉が、常になんらかの目的を伴った概念であると指摘しています。「この包丁は良い包丁だ」と言うとき、人はその「良さ」を「モノを切るという包丁の目的」に沿って理解する。当たり前のことですね。ところが「美しい」という言葉は、そうではない。「美」は、必ずしも目的がはっきりしていない場合であっても「美しい」と感じられる。そして「美しい」と人が感じるとき、それはなにがしかの合理的な目的に適っている、というのがカントの指摘です。

カントのこの指摘は、システムが複雑に影響し合い、目的と手段の関係が単純な構造として把握しにくい現代という時代においてこそ、あらためて傾聴されるべき指摘だと思います。世界のエリートが、いま必死になって「美意識」を鍛えている理由もまた同様です。それは、彼らが今後向き合うことになる問題、すなわち数値化が必ずしも容易ではなく、論理だけではシロクロがはっきりつかないような問題について、適時・適切に意思決定をするための究極的な判断力を鍛えるためだということなのです。

＊2 John Hunter, [Myth: If You Can't Measure It, You Can't Manage It], The W. Edwards Deming Institute Blog, August 13, 2015

会社を「作品」と考えてみる

さて、前述した通り「美意識」という言葉は一般に、音楽や絵画等の表現芸術の創作や鑑賞においてこそ求められており、ビジネスとは全く関係のないものだと考える人が多いと思います。しかし、ビジネスというのは本当に、それほど「表現行為」と異なる営みなのでしょうか？

ここで問題になってくるのは、ビジネスに代表される社会的行為と表現行為の関連です。多くの人たちは、音楽や絵画等の創作という表現行為と、自分たちが日々関わっている社会的行為を、全く関連のないものとして捉えているでしょう。しかし私は、今後の社会をより良いものにしていくためには、ごく日常的な日々の営みに対しても「作品を作っている」という構えで接することが必要なのではないかと思っています。

「社会彫刻」というコンセプトを提唱し、全ての人はアーティストとしての自覚と美意識を持って社会に関わるべきだ、と主張したのはアーティストのヨーゼフ・ボイスでした。ボイスによれば、私たちは世界という作品の制作に集合的に関わるアーティストの一人であり、であるからこそ、この世界をどのようにしたいかというビジョンを持って、毎日の生活を送るべきだと言うのです。

高い視座でビジョンを持つことと、日常の些事に煩わされることは決して矛盾するわけではありません。自分たちが生を営んでいるこの世界はロクでもないものだということを知りつつ格闘しながら、それをどのようにしてより良いものに変えていけるかを、あきらめずに考え続けること、希望を失わないことが大事です。

ビジネスパーソンであれば自分が関わるプロジェクトを、アーティストとしての自分の作品だと考えてみる。あるいは経営者であれば自分の会社を、アーティストとしての自分の作品だと考えてみる。

そのような態度で仕事に接するとき、私たちは全員が社会彫刻に集合的に参画するアーティストということになり、であればアーティストとして相応《ふさわ》しいだけの美意識を身につける必要があるということになります。

私たちの日常的な「仕事」という営みが、やがて積み重なって100年後、200年後の世界の姿を作り上げていくことを考えれば、私たち全員が「社会彫刻」に携わるアーティストであり、であればアーティストとしての自覚と美意識を持って社会に関わるべきだ、と指摘したヨーゼフ・ボイスの言葉は、世界の行く末が混迷を深めているいまこそ、耳を傾けるべきだと思います。

第1章　論理的・理性的な情報処理スキルの限界

「論理」と「理性」では勝てない時代に

経営における意思決定にはいくつかの対照的なアプローチがあります。ここではそれらを「論理」と「直感」、「理性」と「感性」という二つの対比軸で整理してみましょう。

まず「論理と直感」という対比軸については、「論理」が、文字通り論理的に物事を積み上げて考え、結論に至るという思考の仕方である一方で、「直感」は、最初から論理を飛躍して結論に至るという思考として対比されます。

次に「理性と感性」については、「理性」が「正しさ」や「合理性」を軸足に意思決定するのに対して、「感性」は「美しさ」や「楽しさ」が意思決定の基準となります。

さて、ここ20年ほどの歴史を振り返ってみると、日本企業の大きな意思決定のほとんどは、巧拙はともかくとして「論理・理性」を重視して行われてきているので、「直感」や「感性」を意思決定の方法として用いている会社なんてあるのか？　と思われる読者もいらっしゃるかもしれません。しかし、実はそういった例は少なくないんですね。

例えば「感性」、つまり「美しいか、楽しいか」という「感情に訴えかける要素」を意思決定の基準として設定している企業の一つに、ソニーがあります。

ソニーの「会社設立の目的」の第一条には「真面目なる技術者の技能を、最高度に発揮せしむべき自由闊達《かったつ》にして愉快なる理想工場の建設」とあります。これは平たく言えば「面白くて愉快なことをどんどんやっていく」ということです。そういう目的を会社として掲げる以上、「何をやるべきか、やるべきでないか」という意思決定の際に準拠すべき基準は「面白いのか？　愉快なのか？」という軸、つまり「理性よりも感性」ということになります。

この設立趣意書をしたためたのは創業経営者の井深大《まさる》でした。そして、ソニーの代名詞とも言える傑作商品であるウォークマンは、まさにこの井深大による「感性」によって世に出された商品だったということを思い出してください。

よく知られている通り、ウォークマンという製品はもともと、当時名誉会長だった井深大の「海外出張の際、機内で音楽を聴くための小型・高品質のカセットプレイヤーが欲しい」と言い出し、このリクエストに応えて開発部門が作製した、一品限りの「特注品」でした。これを同じく創業経営者の盛田昭夫に見せたところ、盛田もこれを大いに気に入り、製品化にゴーサインが出されることになります。

当時のソニーはすでに世界的に名の知られた大企業でしたが、そういう企業において、これまで存在しなかった「ポータブル音楽プレイヤー」という製品の開発が「ねえ、これ見てよ」「おお、いいですね」で決まってしまったわけです。膨大な市場調査とマーケティング戦略を記した分厚い商品開発戦略提案を、何十人もの役員で審議しながら、さっぱりヒット商品を生み出せない昨今の日本企業とは大違いです。

さて、井深・盛田という二人の創業経営者からゴーサインが出されたわけですが、しかし、現場はこの指示に反発します。というのも、彼らは、それまでの市場調査から、顧客が求めているのは大きなスピーカーであること、そして多くの人がラジオ番組を録音して楽しむためにカセットプレイヤーを購入していることを知っていたため、「スピーカーも録音機能も持たないカセットプレイヤーなど売れるわけがない」と、まさに「論理的」かつ「理性的」に猛反発したわけです。

ビジネスの意思決定における「理性と感性」という対比のうち、「感性」に基づく意思決定の一つの事例として、ソニーの設立目的、そしてウォークマンの開発は典型的なものと言えるでしょう。

では「論理と直感」という対比における「直感」についてはどうでしょうか？

直感を意思決定の方法として用いていた経営者の典型例がスティーブ・ジョブズでした。彼は、「直感」について、次のような言葉を残しています。

インドの田舎にいる人々は僕らのように知力で生きているのではなく、直感で生きている。そして彼らの直感は、ダントツで世界一というほどに発達している。直感はとってもパワフルなんだ。僕は、知力よりもパワフルだと思う。この認識は、僕の仕事に大きな影響を与えてきた。

いかにもスティーブ・ジョブズらしいと言うべきか、いささか誇張された指摘にも思えますが、実際にスティーブ・ジョブズの意思決定が、多くの場合、一瞬の直感に導かれて行われていたことは確かなようです。

例えば、ジョブズがアップルに復帰した直後に販売したiMacでは、発売直後に5色のカラーを追加していますが、この意思決定の際に、ジョブズは製造コストや在庫のシミュレーションを行うことなく、デザイナーからの提案を受けた「その場」で即断しています。

製造や物流にある程度関わった経験のある方であればおわかりだと思いますが、もともと1色しかなかった製品に5色を追加するというのは、ロジスティクス全体の管理の難易度を飛躍的に高めることになるので、慎重な分析とシミュレーションを経て行われるのが常識です。しかし、ジョブズはそのような「論理的」で「理性的」なアプローチを踏むことなく、「直感的」で「感性的」な意思決定を行い、実際にｉＭａｃは、アップル復活を象徴する大ヒットとなりました。

私たち日本人の多くは、**ビジネスにおける知的生産や意思決定において、「論理的」であり「理性的」であることを、「直感的」であり「感性的」であることよりも高く評価する傾**向があります。この「論理的で理性的であることを高く評価する傾向」は、決してそれが「巧みである」ことを意味せず、むしろ私たち日本人が、権力者が作り出す空気に流されてなんとなく意思決定してしまう傾向が強いことへの反動で、一種の虚勢なのですが、この点については後ほどあらためて触れたいと思います。

まず、ここで確認しておきたいのは、ビジネスにおける意思決定では「論理と直感」「理性と感性」という対照的なモードがあり、現在の一般的な日本人の通念としては「論理と直感」においては「論理」が、「理性と感性」においては「理性」が、それぞれ優位だと考えられがちなのですが、歴史を振り返ってみれば、過去の優れた意思決定の多くは、意外なことに「感性」や「直感」に基づいてなされていることが多い、ということです。

「直感」はいいが「非論理的」はダメ

ここで注意を促しておきたいのですが、私は何も「論理や理性をないがしろにしていい」と言っているわけではありません。いくら「直感」が大事だからといって、「非論理的」であってよい、ということではない。いま、目の前に複数の選択肢があるというときに、どう考えても論理的に不利だという選択肢を、わざわざ「直感」や「感性」を駆動させて選ぶというのは、「大胆」でも「豪快」でもなく、単なる「バカ」です。

私が言っているのはそういうことではなく、論理や理性で考えてもシロクロのつかない問題については、むしろ「直感」を頼りにした方がいい、ということです。

結果的に大きな業績の向上につながった「優れた意思決定」の多くが、直感や感性によって主導されていたという事実によって私が伝えようとしているのは、決して「論理や理性をないがしろにしていい」ということではなく、「論理や理性を最大限に用いても、はっきりしない問題については、意思決定のモードを使い分ける必要がある」ということです。

これは何も筆者のオリジナルの主張ということではなく、過去の歴史を紐解いてみれば同様の指摘をしている人がたくさんいたことがわかります。

例えば、江戸時代の武芸家である松浦《まつら》静山は「勝ちに不思議の勝ちあり、負けに不思議の負けなし」という言葉を残していますが、これも同様の指摘ですね。プロ野球の野村克也監督が好んで用いたこともあって、この箴言は野村監督のものだと思っている方が多いようですが、これはもともと松浦静山が、自分の剣術書『剣談』に記した言葉です。

静山という人は、もちろん武芸家として大成した人物ですが、大名としても政治手腕を振るい、財政難に陥っていた藩を、いま風に言えば「V字回復」させたりしている。つまり、いろんな分野にわたって「成功」も「失敗」も経験している人物で、そのような人物がこういう言葉を残しているわけです。

まず「勝ちに不思議の勝ちあり」という指摘について考えてみましょう。「不思議」というのはつまり、「論理で説明ができない」ということです。ですから「勝ちに不思議の勝ちあり」というのは、「論理ではうまく説明できない勝利がある」という指摘です。なぜ勝てたのか、後から言語化して説明することができない、勝利というのはそういうことがある、ということですね。

一方で「負けに不思議の負けなし」という指摘はつまり、「負けはいつも論理で説明できる」ということです。「論理で説明できる」ということはつまり、負けは常に、負けにつながる論理的な要因があるということです。これはつまり、論理的なエラーは常に、負けに直結する要因になる、ということです。

同じことがまた、経営の歴史においても言えます。確かに、過去の経営史を紐解いてみれば、優れた意思決定の多くは、論理的に説明できないことが多い。つまり、これは「非論理的」なのではなく「超論理的」だということです。一方で、過去の失敗事例を紐解いてみると、その多くは論理的に説明できることが多い。つまり「論理を踏み外した先に、いくら直感や感性を駆動しても、勝利はない」ということです。

本書のテーマは、経営における「アート」と「サイエンス」のバランスですが、これを「論理」と「感性」のバランスと言い換えた場合、短兵急に両者のどちらが優れているのかという論点を設定してしまいがちです。しかし、そういったガサツで目の粗い思考からは、経営という複雑な営みへの示唆を抽出することはできません。

経営の意思決定においては「論理」も「直感」も、高い次元で活用すべきモードであり、両者のうちの一方が、片方に対して劣後するという考え方は危険だという認識の上で、現在の企業運営は、その**軸足が「論理」に偏りすぎている**というのが、筆者の問題提起だと考えてもらえればと思います。

「論理」と「理性」に頼る問題点① 時間

さて、前節では、経営における「論理」と「直感」の問題を取り上げ、両者の高度なバランスが、優れた意思決定には欠かせないにもかかわらず、昨今の経営は「論理」に比重が偏りすぎているのではないか、という問題提起をしました。

本節以降では、そのような問題提起の前提として、「論理と理性」だけに頼った意思決定によってもたらされる弊害について考察してみたいと思います。

まず一つ目の問題として指摘したいのが、グローバル企業の幹部が今後向き合う極めて難易度の高い問題について、論理的かつ理性的な思考プロセスによって、有効な解を見出すことが難しくなってきている、という点が挙げられます。

これは、私がここで指摘するまでもなく、例えば１９８０年代には自然科学の世界においては、いわゆる「複雑系」の問題に対する要素還元主義アプローチの限界という文脈で語られましたし、１９９０年代にはマサチューセッツ工科大学のピーター・センゲが、経営におけるこれまでの問題解決アプローチが無効化しつつあることを示し、それに変わる新しい思考法としてシステム思考を提唱しています。

あらためて確認すれば、経営に用いられる論理思考のスキルは、問題の発生とその要因を単純化された静的な因果関係のモデルとして抽象化し、その解決方法を考えるというアプローチをとります。しかし問題を構成する因子が増加し、かつその関係が動的に複雑に変化するようになると、この問題解決アプローチは全く機能しなくなります。

数学の世界ではすでに19世紀末に、三体以上の相互に影響し合う系を解析的に厳密に解くことはできない、という多体問題がアンリ・ポアンカレによって証明されていますが、同じような問題がビジネスの世界でも明らかになってきているわけです。

このような世界においては、20世紀後半に猛威を振るった論理思考アプローチは役に立たないどころか、かえって解をミスリードしてしまう可能性があります。先述した複雑系、あるいはセンゲによる指摘を受け継ぐように、昨今では「徹底して事実に基づき、厳密に論理的に推論する」という問題解決アプローチの限界が様々なところで指摘されていますが、これは取り扱いの対象となる問題の質的な変化に起因していると考えられます。

さて、このような問題、つまり「論理的、理性的にシロクロがつかない問題」について、あくまで論理的かつ理性的に答えを出そうとすれば何が起きるでしょうか？

答えは一つしかありません。それは**「経営における意思決定の膠着と、その結果としてのビジネスの停滞」**です。

昨今、コンサルタントとして顧客企業の経営会議に参加すると、経営企画などからの稟議や提案に対して、経営陣から「情報が足りない」「これだけでは決められない」といった反論を耳にすることが多いのですが、外部の人間として思うのは、「では情報が増えたら、あなたたちは決められるのですか?」ということです。

もちろん、論理的かつ理性的に判断をするための情報が十分に集められれば、それに越したことはありません。しかし、先述した通り、昨今の企業が向き合うことになるのは、必ずしも論理的に考えて答えの出る問題ばかりではないのです。そのような問題に向き合う際に、ひたすらに「論理的」であり「理性的」であろうとすれば、いつまでも解を導出することはできません。

趣味でやっているクロスワードパズルであれば、それはそれで問題ないわけで、いくらでも時間をかければいいわけですが、ビジネスの世界では時間というのは競争資源ですから、これはいたずらに資源を浪費していることになってしまいます。

物事が複雑に絡み合い、しかも予測できないという状況の中で、大きな意思決定を下さなければならない場面では、論理と理性に頼って意思決定をしようとすれば、どうしても「いまは決められない」という袋小路に入り込むことになります。このような問題の処理については、どこかで論理と理性による検討を振り切り、直感と感性、つまり意思決定者の「真・善・美」の感覚に基づく意思決定が必要になります。

哲学を鍛えられていた欧州エリート

ここまでの考察を一言でまとめれば、「論理的にシロクロのはっきりつかない問題について答えを出さなければならないとき、最終的に頼れるのは個人の『美意識』しかない」ということになります。だからこそグローバル企業の幹部候補生は「アート」や「哲学」を学んでいるわけですが、このようなアイデアは別に目新しいものではありません。

例えば欧州には、すでに４００年も前から、このような考え方に基づいてエリートを育成してきた教育機関があります。オックスフォードやケンブリッジに代表されるエリート養成校がそうです。

論理的に考えてもはっきりシロクロがつかない問題の代表と言えば、これは典型的に内政と外交ということになりますが、これら二つを担うことを期待されるエリートの育成にあたっては、欧州のエリート養成校では、**特に「哲学」に代表される「美意識の育成」が重んじられてきた**という経緯があります。

例えば英国の政治エリートを数多く輩出してきたオックスフォードでは、長らく文系・理系を問わずに歴史と哲学が必修科目とされてきました。現在でも、エリート政治家を多く輩出している同校の看板学部は「ＰＰＥ＝**哲学・政治・経済学科**」です。

日本の大学システムに慣れ親しんだ人からすると、なぜに「哲学と政治と経済」が同じ学部で学ばれるのか、と奇異に思われるかもしれませんが、彼らの考え方はシンプルで、政治と経済を担うエリートこそ、哲学を教養の基礎として身につけなければならない、ということです。

エリートには大きな権力が与えられます。哲学を学ぶ機会を与えずにエリートを育成することはできない、それは「危険である」というのが特に欧州における考え方なのです。

同様の思想はフランスにも見られます。フランスの教育制度の特徴としてしばしば言及されるのが、リセ（高等学校）最終学年における哲学教育と、バカロレア（大学入学資格試験）における哲学試験です。文系、理系を問わず、すべての高校生が哲学を必修として学び、哲学試験はバカロレアの第１日目の最初の科目として実施されます。

ちなみにどんな問題が出題されるのかというと、たとえば直近の２０１７年度には、次のような三つの主題について４時間かけて論述せよ、という問題が出されています。

1．理性はすべてを説明することができるのか？
2．芸術作品は必然的に美しいのか？
3．トマス・ホッブズの『リヴァイアサン』からの抜粋に関して論述せよ（筆者注：問題文は省略）

哲学的思考のトレーニングを受けたことのない人には、なんとも取り付く島のない問題に見えるかも知れません。しかし、フランスの高校生のほとんどは、このような「正解のない問題」に対して、「自分はこう思う」という意見を数時間かけて論述するためのトレーニングを受けているわけです。

バカロレアを取得した学生は、原則的にどの大学でも入学できます。つまり大学へのフリーパスを取得するための試験ということで、当然ながら試験の合否はキャリアや人生にとって重大な影響をもたらします。そのような試験において、**文系・理系を問わず、最重要の科目として「哲学する力」が必修の教養として位置付けられている**わけです。

ここでもオックスフォードと同様に、そのような「教養」を持った人物でなければ、政治や外交などの極めて難しい問題、つまり「VUCA」な世界において、論理的にシロクロのつかないような問題の解決を任せることはできない、という考え方が前提になっているわけです。

「論理」と「理性」に頼る問題点②　差別化の喪失

前々節では、「論理」と「理性」に過剰に依存することは、意思決定の膠着と経営スピードの遅延という問題を招くことを指摘しました。ここでは別の角度から「論理」と「理性」に依存した意思決定の問題について考察してみたいと思います。

それは「**差別化**」**の問題**です。

情報処理を「論理的」かつ「理性的」に行う以上、入力される情報が同じであれば出てくる解も同じだということになります。しかしここにパラドックスがあります。というのも、経営というのは基本的に「差別化」を追求する営みだからです。

今日、多くのビジネスパーソンが、論理的な思考力、理性的な判断力を高めるために努力しているわけですが、そのような努力の行き着く先は「他の人と同じ答えが出せる」という終着駅、つまり**レッドオーシャン**でしかありません。そしてまさしく、多くの企業はこのレッドオーシャンを勝ち抜くために、必死になって努力しているわけです。

論理思考というのは「正解を出す技術」です。私たちは、物心ついた頃から、この「正解を出す技術」を鍛えられてきているわけですが、このような教育があまねく行き渡ったことによって発生しているのは、多くの人が正解に至る世界における「正解のコモディティ化」という問題です。教育の成果という点では、まことご同慶の至りという他ありませんが、個人の知的戦闘能力という点ではこれは大きな問題となります。

なぜなら、過剰に供給されるものには価値がないからです。経済学では「財の価値」は、需給バランスによって決まることになります。「正解を出せる人」が少なかった時代には、「正解」には高い値札がつけられましたが、これほどまでに「論理思考」などの「正解を出す技術」を普遍化した結果、いまや「正解」は量販店で特売される安物、つまり「コモディティ」に成り下がってしまったわけです。

これは考えてみれば非常に奇妙な状況です。必死に「論理的かつ理性的」に意思決定する組織能力を高めた結果、皆が同じ戦場に集まって消耗戦を戦っているという、まるで囚人のジレンマのような状況に陥っているわけです。

さて、では「他の人と戦略が同じ」という場合、勝つためには何が必要になるでしょうか？

答えは二つしかありません。「**スピード**」**と**「**コスト**」です。実は「論理と理性」に軸足をおいた多くの日本企業が、長いあいだ追求してきたのがまさにこの二つでした。

まず、スピードこそが日本企業の強さの本質である、ということを最初に指摘したのは、筆者の古巣でもあるボストン・コンサルティング・グループ（以下ＢＣＧ）でした。１９８０年代、ＢＣＧのパートナーであるジョージ・ストーク・ジュニアらは、日米自動車企業の開発・生産体制を比較し、日本企業の強さはリードタイム短縮によるユーザーニーズの早期充足であると説明し、コスト・品質に次ぐ第三の競争コンセプトとして、「タイムベース競争戦略」を提唱しました。

似たような価格や機能、品質の製品・サービスを購入する場合、いつまでも待たされるよりも即座に入手できるものの方が顧客の利便性や満足度は高い。現在のアマゾンの隆盛を顧みればよくわかることです。従って、迅速に製品・サービスを提供できる企業は高い競争力を持つ。また、同じ時間で効率的に多くの活動が行えれば、コスト競争力の面でも有利となります。

このように「時間こそが競争力の源泉である」と考え、時間短縮に焦点を当てるコンセプトが「タイムベース競争」の考え方です。「他の人と答えは同じ」というとき、日本企業が追求した強さの一つがこの「スピード」だったわけです。

さて「他の人と答えが同じ」というとき、もう一つの武器になるのがコストです。もちろん、先述したように、スピードを高めることは結果的にコスト面での有利をもたらすわけですが、コスト競争力はスピードだけによって形成されるわけではありません。特に日本企業の場合は、１９８５年のプラザ合意で円の価格が急激に上昇するまでは、為替面の有利も手伝って、国際的に高いコスト競争力を発揮しました。

つまりこれまでの日本企業の多くは、「人と同じ答え」を「より早く、より安く」市場に提供することで勝ち残ってきたわけです。ところがすでにご存知の通り、グローバル企業の多くはプロセスベンチマーキング等の手法により、日本企業のスピードに追いつき、また言うまでもなく、コスト競争力を支える強力な要因の一つであった為替面での有利も失われました。

以上をまとめればこういうことになります。まず「論理と理性」に軸足をおいて経営をすれば、必ず他者と同じ結論に至ることになり、必然的にレッドオーシャンで戦うことにならざるを得ない。かつての日本企業は、このレッドオーシャンを、「スピード」と「コスト」

の二つを武器にすることで勝者となった。しかし、昨今では、この二つの強みは失われつつあり、日本企業は、歴史上はじめて、本当の意味での差別化を求められる時期に来ているということです。

ミンツバーグによるＭＢＡ教育批判

ここまで、経営における意思決定について、「論理」と「理性」への過重な依存は様々な弊害をもたらすため、「直感」と「感性」をバランスよく活用することが重要だと指摘しました。

同様の指摘を、ＭＢＡ教育への激烈な批判という文脈の中で行っているのが、ヘンリー・ミンツバーグです。高名な経営学者なので名前を聞いたことがある人も多いでしょう。

ミンツバーグの指摘は、全般に「ＭＢＡ教育は害悪を社会に及ぼしているので止めろ」という趣旨で、本書のメッセージとはかなり方向が異なるのですが、「経営における論理と直感、理性と感性」の問題を考えるにあたって、非常にわかりやすい論考を展開しているのでここで紹介しておきたいと思います。

まず、ミンツバーグによれば、**経営というものは「アート」と「サイエンス」と「クラフ**

ト」の混ざり合ったものになります。「アート」は、組織の創造性を後押しし、社会の展望を直感し、ステークホルダーをワクワクさせるようなビジョンを生み出します。「サイエンス」は、体系的な分析や評価を通じて、「アート」が生み出した予想やビジョンに、現実的な裏付けを与えます。そして「クラフト」は、地に足のついた経験や知識を元に、「アート」が生み出したビジョンを現実化するための実行力を生み出していきます。

　これを推論における二つのアプローチ、つまり「帰納」と「演繹《えんえき》」で考えてみれば、個別の現象から抽象概念へと昇華させる「帰納」は「アート」に、抽象概念を積み重ねて個別の状況へと適用する「演繹」は「サイエンス」が担うことになり、両者を繋ぎながら、現実的な検証をするのが「クラフト」ということになります。

　つまり、ここでポイントになるのは、これらのうちどれか「一つ」だけが突出していても全然ダメだということです。

「アート型」だけでは、盲目的なナルシストに陥り、アートのためのアートを追求する、つまり本物のアーティストになってしまいます。「クラフト型」だけでは、経験に根ざしたことだけを認め、新しいことにはチャレンジしないため、イノベーションは停滞するでしょう。そして「サイエンス型」だけでは、数値で証明できない取り組みは全て却下されてしまうため、ビジネスから人間味が失われ、ワクワクするようなビジョンは生まれないでしょう。つまりこの三つの要素は、バランスよく、かつ機能的に組み合わせられていなければならない、ということです。

ところが、現在のビジネスでは過度に「サイエンス」と「クラフト」が重視されており、なかでもビジネススクールは、基本的に「サイエンス」しか教えていない、というのがミンツバーグの主張なのですが、ＭＢＡプログラムの是非に関する考察は本書の趣旨とは外れますので、ここでは踏み込みません。

私がここで強調したいのは、**経営における意思決定のクオリティは「アート」「サイエンス」「クラフト」の三つの要素のバランスと組み合わせ方によって大きく変わるということです。**

しかし、不思議に思いませんか？　ミンツバーグの主張は、言われてみれば当たり前のことであり、いまさら指摘するまでもないように思われます。にもかかわらず、多くの企業では「アート」がないがしろにされ、「サイエンス」と「クラフト」によるマネジメントとなっています。ここに**「アート」と「サイエンス」の「アカウンタビリティの格差」という問題があります。**

アカウンタビリティの格差

ミンツバーグの指摘通り、マネジメントにおける意思決定には「アート」「サイエンス」「クラフト」の三つの側面があり、これらをバランスよく共存させないと、クオリティの高い経営はできません。しかし、言われてみれば自明のように思えるこの指摘が、多くの企業では実践できず、「クラフト」と「サイエンス」に偏っているのはどうしてなのでしょうか？

一言でまとめれば「アート」と「サイエンス」や「クラフト」が主張を戦わせると、**必ず「サイエンス」と「クラフト」が勝つから**です。なぜなら「サイエンス」と「クラフト」が、非常にわかりやすいアカウンタビリティを持つ一方で、「アート」はアカウンタビリティを持てないからです。

言い方を変えれば、ある意思決定をしようというとき、アートとサイエンスのあいだで主張がぶつかると、サイエンス側がアート側を批判することは非常に容易であるのに対して、アート側がサイエンス側を批判するのは非常に難しい、ということです。

「なんとなく、これが美しいから」という理由で主張を展開するアート側に対して、財務面その他の定量的分析の結果を盾にして、別の主張を展開するサイエンス側が対等な立場で戦えば、勝負は目に見えています。答えはアート側の敗北でしかありません。

それではアート対クラフトという構図ではどうでしょうか？　こちらについても結果は同様でしょう。過去の実績に基づいて「それはうまくいかないんだよ」と反論する経験豊富なクラフト側と、「これは美しい」と主張するアート側が対等な立場で戦えば、やはりアート側の敗北は目に見えている。

ちなみに「サイエンス」と「クラフト」が主張を戦わせるときはどうなるかというと、多くの場合、これは**大変建設的な議論になります**。過去の実績に基づいて主張を展開するクラフト側と、事実と論理を盾にして「それはおかしい」と経験則を攻撃するサイエンス側とでは、勝負はなかなか決まりません。

ちなみにこの構図は、長いこと現場でやってきた叩き上げの幹部と、外部から乗り込んできたコンサルタントとのあいだでしばしば起こる争いと同じです。どちらが勝つかは状況次第ですが、重要な点は双方が同程度の批判力=アカウンタビリティを持つということです。

つまり、アートとサイエンスとクラフトを並べてみた場合、現在の企業組織においては、三者が対等な立場で戦えばまず間違いなくアートが敗れるということです。これが、三者のバランスが大事だと言われながら、結局のところサイエンスとクラフトに意思決定の重心が寄っていってしまう最大の要因です。

この問題は、最終的には資本市場のアカウンタビリティの問題に行き着くことになります。現在の企業にはアカウンタビリティが求められていますね。**アカウンタビリティというのは、「なぜそのようにしたのか?」という理由を、後でちゃんと説明できるということ**です。では「アート」「サイエンス」「クラフト」と並べてみた場合、後で説明できるのはどれかということになると、これはもう圧倒的に「サイエンス」と「クラフト」ということになるわけです。

サイエンス：様々な情報を分析した結果、このような意思決定をしました
クラフト：過去の失敗経験をふまえた結果、このような意思決定をしました

ところが、アートに基づく意思決定というのは、後から説明するのが大変難しいわけです。

アート：なんとなく、フワッと、これがいいかなと思って意思決定しました

過去の意思決定に関して、こんな説明をして「いいね、さすが」と言われるのはかつてのスティーブ・ジョブズくらいのものでしょう。実績もない経営者がこのようなコメントを株主総会で出したら、即座に解任動議が発動されることになりかねません。

アカウンタビリティと「天才の否定」

これを別の角度から言えば、アカウンタビリティというのは「天才」を否定するシステムだ、ということになります。

日本・米国で長く活躍しているイチロー選手は、通算安打数世界記録を達成した際に、次のような言葉を残しています。

僕は天才ではありません。なぜかというと、自分が、どうしてヒットを打てるかを説明できるからです。

先述した通り、アカウンタビリティというのは「後から説明できる」ということです。ところが、イチロー選手は「後から説明できる」というのは「天才ではない」ことの証明だ、と言っている。イチロー選手は、自分がヒットを打てた理由、打てなかった理由について、合理的に説明できる。これはつまり、自分のバッティングについてアカウンタビリティを持っているということです。そして、このアカウンタビリティゆえに、イチロー選手は「自分は天才ではない」と言っているわけです。

一方で、では天才はどうなのかというと、天才はアカウンタビリティを持てない。つまり、自分がヒットを打てた理由、打てなかった理由について、合理的に説明できないということです。天才バッターと言われた長嶋茂雄氏は、その指導のわかりにくさでも有名でした。「ボールがスーッと来たら、腰をガッといく」といった、相手を煙に巻くような指導をして、しばしば周囲を困惑させていたという逸話が残っています。

これはつまり**言語化できるかどうか**、という問題であり、**再現性があるかどうか**、という問題でもあります。イチロー選手は、自分がヒットを打てた理由を「言語化できる」わけで、それ故に「再現性がある」わけです。そして、この「言語化できる」ことと「再現性がある」ことは、サイエンスの世界では大変重要な要件になります。一時期、理化学研究所の小保方晴子氏が書いたＳＴＡＰ細胞に関する論文が大騒ぎを巻き起こしましたが、あの論文の最大の問題も、論文で紹介された実験プロトコルの「再現性」でした。

「言語化できる」「再現できる」というのがアカウンタビリティの要件であり、さらに言えばサイエンスの要諦でもある。しかし、イチロー選手の言葉を借りれば、「言語化できる」「再現できる」というのは「天才ではないこと」の証明でもある。つまり、この二つをアカウンタビリティの条件として厳しく求めるのであれば、その組織は内部に天才を孕《はら》む余地を失ってしまうということでもあるわけです。

しかし言うまでもなく、天才の存在を許容できる組織と、全く許容できない組織を二つ並べてみれば、長いあいだでは両者のあいだには天地の開きが生まれることになります。そして、この構図はそのまま、革新的なサービスや新商品を次々に生み出すアップルやグーグルなどの米国の新興企業と、それらの企業に煮え湯を飲まされ続けている日本企業の対比に置き換えることができます。

クックパッド紛争は「アート」と「サイエンス」の戦いだった

2016年の3月、レシピサイトを運営するクックパッドの創業者が現社長に不信任を突きつけ、経営陣の総入れ替えを提案して世間の耳目を集めました。この騒動については多くの論者・識者がコメントしていますが、大方は創業者である佐野陽光《あきみつ》氏のご乱心という論調に終始しています。しかし、この騒動をそのような浅い整理で済ましてしまうのは勿体ない。私は、一連のクックパッド騒動は、企業ガバナンスにおけるアートとサイエンスのパワーバランスという問題を、非常にわかりやすく示している事例だと思っています。

創業者である佐野氏は、もともと「豊かな食生活」に対する思い入れの非常に強い人です。クックパッドというサービスも、ごく普通の人々に対して、お金をかけずに手軽に豊かな食生活を実現するという、非常にわかりやすいミッションを掲げてスタートさせている。つまり佐野氏にとって「食」というのは一つのロマンなんですね。

一方で、創業者である佐野氏から経営のバトンを渡された穐田誉輝《あきたよしてる》氏はもともとベンチャーキャピタリストで、特に「食」への強い思い入れがあるわけではありません。穐田氏は経営の、それもサイエンスを担う専門家として創業者である佐野氏から経営を引き継いだわけで、つまり「熱いロマン」よりも「冷たいソロバン」が優先する人です。穐田氏に経営のバトンを渡した佐野氏は、米国でのレシピ事業を総括するという立場で、経営チームの一人という位置付けとなります。

さて、クックパッドは上場企業です。上場企業である以上、株主の期待に応える成長を実現して企業価値を向上させることが求められます。そこで穐田氏は、この期待に応えるために「食」とはなんら関係のない分野でのM&Aを繰り返していきます。一方で、創業者である佐野氏のロマンと言っていい「食」に関する事業については、投資対効果の問題から積極的な投資は行いませんでした。サイエンスに軸足をおいて考えれば、最も費用対効果の高い領域に手元のキャッシュを集中させるというのは、当たり前のことですが、ここにアートとサイエンスの相克という問題が発生することになります。

自分が経営トップであれば、アートを基軸に「食のロマン」を追求する経営ができたでしょう。しかし、クックパッドのガバナンス構造では、サイエンスを担う穐田氏がトップであり、アートを担う佐野氏が脇を固める形となっていたわけです。この構造では、先述したように必ずアカウンタビリティの格差という問題が発生し、アート側は劣勢に追い込まれることになります。

創業者である自分が追求したい「食」のビジネスへ、なかなか積極的な投資をしようとしない経営トップに対して業を煮やした創業者の佐野氏は、最後には議決権の4割以上を握る大株主という立場から、穐田氏の解任及び取締役の総入れ替えという大ナタを振るわざるを得ない状況に追い込まれたわけです。

アートを担う創業者が、会社を育てる過程でサイエンスを担うプロ経営者を雇い、しばらくの間は蜜月が続くものの、やがてサイエンス側に会社を牛耳られてしまうという構図は、アップルにおけるスティーブ・ジョブズとジョン・スカリーの関係を持ち出すまでもなく、よく見られることです。

アカウンタビリティは「無責任の無限連鎖」

アカウンタビリティというのは、絶対善のように思われている節がありますが、一方で**リーダーシップの放棄というネガティブな問題も孕んでいる。**意思決定の理由について、定量的で合理的な説明さえできれば、それが結果的に間違ったものであっても「あのときは、そのように判断することが合理的だったのです」という言い訳に用いられるからです。

結果として、意思決定を行うリーダーの個人的な美意識や感性は発動されず、後で責められた際に言い訳ができるかどうか、という観点に沿って意思決定がなされるのであれば、これはリーダーシップの放棄でしかありません。**アカウンタビリティという「責任のシステム」が、かえって意思決定者の責任放棄の方便になってしまっているわけです。**

筆者は長いこと「イノベーションを起こせる組織・個人」について研究をしていますが、

その過程で一つ気づいたことがあります。それは、画期的なイノベーションが起こる過程では、しばしば「論理と理性」を超越するような意思決定、つまり「**非論理的**」ではなく「**超論理的」とも言えるような意思決定が行われている**、ということです。

例えば、現在、グーグルに大きな収益をもたらしているYouTubeについては、買収当時、多額の買収費用を回収するだけのビジネスに育てられるかどうか、疑問視する声が評論家からは多数上がりました。彼ら評論家の指摘はごくごく真っ当であり、いわば「論理的であり理性的」でした。対するグーグルのコメントは「弊社のミッションは〝世界中の情報を整理する〟ことであり、言うまでもなく動画は情報である」というそっけないもので、収益性や事業性についての見通しはほとんどコメントされませんでした。

グーグルは現在、世界中の図書館と協力して蔵書を全てデジタル化するというプロジェクトを推進していますが、これとて具体的なビジネスモデルを描けているわけではありません。

グーグルのCEOを長いこと務めたエリック・シュミットは、グーグルの経営について、「どんな経営手法が役に立つのか、よくわからない。わかっているのは、これまでの経営セオリーはこの世界では役に立たないということだけだ」と述べていますが、彼らはいわば武道における「守・破・離」の「破」や「離」を、経営として実践しているわけです。

しかし、考えてみれば、もしセオリー通りに論理的かつ理性的に経営するのであれば、経営者やリーダーの仕事というのはいったいなんなのでしょうか？

もし**経営における意思決定が徹頭徹尾、論理的かつ理性的に行われるべきなのであれば、それこそ経営コンセプトとビジネスケースを大量に記憶した人工知能にやらせればいい。**きっと冷徹に合理的な解答を導き出してくれるでしょうが、そこには人間の美意識や直感が介在する余地はありません。しかし、そのような乾いた計算のもとになされる経営から、人をワクワクさせるようなビジョンや、人の創造性を大きく開花させるようなイノベーションが生まれるとは思えません。

アートが主導し、サイエンスとクラフトが脇を固める

アートとサイエンスとクラフトを横に三つ並べれば、アカウンタビリティの格差という問題が必ず発生し、アートは必ずサイエンスとクラフトに劣後することになる。一方で、サイエンスとクラフトに軸足をおいて、説明責任＝アカウンタビリティを過剰に重視すれば、天才を組織に抱える余裕は失われ、組織は論理的かつ理性的に説明のできることのみに注力することになります。

そして論理的かつ理性的な答えは、訓練を受けた人であれば遅かれ早かれ誰でも到達するので、その市場はやがて競合が乱立するレッドオーシャンとなり、そこで戦うためにはひたすらスピードとコストを武器にして、従業員を疲弊させていくしかない。これが、現在、多くの日本企業の陥っている状況です。

さて、そうなると、これらの三つの型でどのような優先順位のバランスをとるかというのが大きな問題になってきます。先述した通り、「アート」と「サイエンス」には「アカウンタビリティの格差」が生じますから、両者を同じ土俵で戦わせれば、必ず「アート」が敗れ、「サイエンス」が勝つことになります。そしてまさに、いまの日本企業の多くで起きているのはこの状況です。

この問題を解決する方法は一つしかありません。**トップに「アート」を据え、左右の両翼を「サイエンス」と「クラフト」で固めて、パワーバランスを均衡させる**ということです。

よく企業の経営をＰＤＣＡサイクルと言いますが、言い換えれば**Plan をアート型人材が描き、Do をクラフト型人材が行い、Check をサイエンス型人材が行う**というのが、一つのモデルになると思います。

また、この枠組みをポジションに当てはめれば、次のように考えることもできます。つまりPDCAサイクルを、**Plan＝CEOの役割、Do＝COOの役割、Check＝CFOの役割**と考えてみれば、アート型のCEOが大きなビジョンや夢を描き、クラフト型のCOOがそれを実行計画に落とし込み、サイエンス型のCFOが、その実行のリスクや成果を定量化し、チェックするという構造が見えてきます。

そして、強い企業、類い稀な革新を成し遂げた企業の多くが、このようなガバナンスの構造を持っていたことを、私たちは知っています。次々と革新的なビジョンを打ち出す弟のウォルトと、元銀行員というキャリアを活かして財務面・リーガル面で支え続けた兄のロイという二人によって創業されたウォルト・ディズニー社はその典型例と言えますし、我が国に目を転じても、例えばホンダの創業期を支えた本田宗一郎と藤沢武夫の組み合わせも同様でしょう。あるいは80年代のアップルの急成長を支えたスティーブ・ジョブズとジョン・スカリーの組み合わせも、アートで引っ張るトップと、サイエンスとクラフトを支える側近の構造と理解することができます。

近年では、成長期のソフトバンクを牽引した孫正義氏と野村證券出身の北尾吉孝氏の組み合わせもまた、そのような事例の一つとして挙げてみてもいいかもしれません。

どのケースでも共通しているのは、**強烈なビジョンを掲げてアートで組織を牽引するトッ**

プを、サイエンスやクラフトの面で強みを持つ側近たちが支えてきたという構造です。

カリスマ経営者の有無によって経営の質がガラリと変わるといったストーリーはわかりやすいのですが、経営というのはそれほど単純な営みではありません。重要なのは、アート・サイエンス・クラフトのバランスと、経営トップチームの中での役割分担と権限のバランスが、しっかりと整合していることなのです。

アップルでは、アートを支えていたジョブズが去り、スカリーが全権を握った後に、ビジョンを見失って迷走し始めました。ウォルター・アイザックソンによるスティーブ・ジョブズの伝記には、ジョブズを放逐したアップルに関して、次のような記述があります。

ジョブズの辞任を受け、アップルの株価は7パーセント近く、ほぼ1ポイントも上昇した。技術系企業の株式ニュースレターは、この動きについて、

「東海岸の株主は、アップルはカリフォルニアの奇人が経営している点に懸念を抱いてきた。今回、ウォズニアックもジョブズも会社を去り、そのような株主が安心したということだ」

と報じた。一方、10年ほど前、メンターとしてジョブズを面白いヤツと見ていたアタ

リ創業者のノーラン・ブッシュネルは、タイム誌の取材に、ジョブズがいなくなったのは大きな損失だと答えている。

「今後、アップルはどこからインスピレーションを得るのでしょうか。ペプシの新ブランドという飾りでも付けるのでしょうか」

ウォルター・アイザックソン『スティーブ・ジョブズI』

アップルの経営パフォーマンスと経営トップチームのメンバー構成は、私たちに経営におけるアート、サイエンス、クラフトのバランスが、どれだけ重要なのかという点について、大きな示唆を与えてくれます。

経営トップがアートの担い手

さてここまで、健全な経営のためにはアート・サイエンス・クラフトのバランスが重要であること。そして、アカウンタビリティの格差という問題から、それら三つを同列のものとして配置するのではなく、アートをトップに据え、サイエンスとクラフトが脇を固めるべきだという指摘をしてきました。

では、グローバル企業の幹部候補生は、今日から絵筆を取るべきなのでしょうか？　もちろん、その気があるのであれば否定はしません。20世紀の歴史において最も強力なリーダーシップを発揮した二人の政治家、すなわちウィンストン・チャーチルとアドルフ・ヒトラーがともに本格的な絵描きであったことは偶然ではありません。**絵を描くことはリーダーに求められる様々な認識能力を高めることがわかっており、実際に自ら芸術的な趣味を実践している人ほど、知的パフォーマンスが高いという統計結果もある**のですが、この点は後ほどあらためて触れるとして、ここでは経営における「アートの担い手」を、どのようにして育成・配置するかという問題について、考察してみましょう。

あらためて確認すれば、経営においてはアート・サイエンス・クラフトの健全なバランスが重要なのですが、しかし、多くの場合、アカウンタビリティにおいて劣後するアートの比重が低下するため、経営の軸足は過度にサイエンス・クラフトに傾斜してしまう。これを防ぐためには、経営トップがアートを担い、サイエンスとクラフトが脇を固めるという形が望ましいというのが、前節での指摘でした。

さて、実際に「高い美意識」を競争力としてうまく活用している企業のガバナンスを見渡してみると、この「経営トップがアートの担い手」という仕組みには、二つのタイプがあることがわかります。

一つは、かつてのアップルに代表されるような「**経営トップ＝アートの担い手**」というガバナンスの形態です。スティーブ・ジョブズは、製品のデザインから広告コミュニケーションのメッセージや表現、果ては印刷されたポスターの「青味」といった現場の領域まで含めて、微に入り細を穿《うが》つようにアップルという会社の「美的側面」について責任を担う、いわばＣＥＯ兼クリエイティブディレクターでした。

そしてもう一つは、**大きな権力を持った経営トップが、直接に権限移譲する形でアートの担い手を指名する**というガバナンスの構図です。ここでポイントになるのが、**ＣＥＯがいわば直轄領のような形で、経営におけるアートの担い手を指名すること**で、サイエンスとクラフトとのパワーバランスを均衡させるという権力構造です。通常の企業形態に慣れ親しんでいる人からすると奇異に響くかもしれませんが、これはシャネルなどの**ラグジュアリーブランドの経営ではごくごく一般的なガバナンスの形態**と言えます。

千利休は最初のチーフクリエイティブオフィサー

この点で参考になると筆者が考えているのが、「**侘び茶**」**の完成者である千利休と織田信長や豊臣秀吉といった権力者の関係**です。説明するまでもなく、千利休は戦国末期に活躍した茶人ですが、利休と信長や秀吉といった権力者と技術を持った職人との三者関係は、極めて今日的な組織における美意識の扱い方のベンチマークになるものだと思います。

私は、**千利休を、世界最初のクリエイティブディレクターだと考えています**。というのも、千利休という人は、歴史上はじめての「**ディレクションはするけど、クラフトはしない人**」だったからです。

洋の東西を問わず、美的なものを生み出した人物のほとんどは、彼ら自身が創作者であり、制作者でした。例えばミケランジェロやピカソは言うまでもなく、芸術家というよりもプロデューサーであったと言われる慶派の運慶や快慶も、彫刻家としての高い技能を持った上で、多くの職人を束ねていました。

ところが千利休という人はそうではない。今日、利休が制作に関わったとされる物品は数多く残っていますが、そのうち、利休が手ずから制作したものは、茶杓や花入くらいしかありません。

茶室や庭はもちろんのこと、茶道具である風炉と釜、水指や炭斗《すみとり》、棗《なつめ》や茶入れ、そして茶碗などについては、利休は職人に、コンセプトを伝えて制作してもらう立場、つまりクリエイティブディレクターの立場に徹しています。

私は以前に、利休が職人に指示するために作成した図面を見せていただいたことがあるのですが、例えば漆塗りの手桶のデザインについては脚の付け方や、蓋に段差を設けて噛ませるようにすることで中を覗けないようにするなど、実に細かく指示を出しています。

利休は、言ってみればＣＥＯに該当する織田信長や豊臣秀吉に対して、彼らが支配する社会の美的側面についての領域を担う責任者、いわばチーフクリエイティブオフィサーの役割を担ったと言えます。信長や秀吉は、自らの権力のもとに利休を保護することで、利休の才能を自らが支配する社会の文化に反映させ、影響力を高めようとしました。

利休のすごいところは、「侘び」という極めて抽象度の高い美的感覚を、一般には芸術メディアとは考えられていなかった茶室や茶碗などの具体的な道具に落とし込んでいったことです。しかも、それを自らが制作者となってクラフトするのではなく、クリエイティブディレクターという立場で、職人を使ってプロデュースしている。もちろん、特に近代以降の歴史を振り返れば様々なコンセプチュアルアートは存在するわけですが、それらの多くはアーティスト自らが製作していますし、コンセプトそのものも個別の作品ごとに設定される一回性の強いものがほとんどです。

一方で利休は、侘び茶という美意識をコンセプトの中心において、そこからブレることなく、建築や茶道具のみならず、書画や、果ては植物や庭などにも拡げながら、これらをプロデュースしている。凡百なアーティストがこんなことをすれば、無残な結果は目に見えているわけですが、利休の場合むしろ、その範囲を拡げれば拡げるほど、世界観やコンセプトの芯が明確に浮かび上がってくる。正統なアーティストとしての訓練を受けていない人がこんなことをやってのけているわけで、これはちょっと世界史的にも類例がないように思います。

こういった才能を持った人物を、信長や秀吉は、いわばスポンサーとして支え、もう一方ではクラフトを担う職人が支えました。

織田信長や豊臣秀吉といった権力者と千利休の関係がどのようなものであったかというと、実はよくわかっていません。ご存知の通り、最後に利休は秀吉から切腹を命じられてしまうわけですが、この理由についても諸説あって定かではない。そこがはっきりすればＣＥＯとチーフクリエイティブオフィサーの関係についても、それなりの示唆が得られるかもしれないと考えると残念でなりませんが、そこは４００年前のことなので仕方がありません。

重要なのは、信長や秀吉が、あからさまに側近だけで周りを固める他の武将と比較して、アートを担うアドバイザーである千利休を重んじた、という点です。特に秀吉の場合は、アートの側面については利休を、サイエンスの側面については異父弟である秀長を重用することで、政権内における意思決定のクオリティを高い水準に保ちました。

この「秀吉—利休—秀長」というトライアングルは、おそらく危険なほど絶妙かつ微妙なバランスだったのでしょう。秀長が病死してしまうと、その1ヶ月後には利休は切腹を命じられて亡くなり、その後、秀吉は朝鮮出兵を敢行して諸大名を疲弊させ、また後継者として迎えていた秀次一族を虐殺するなど、明らかにバランスを欠いた意思決定を連発して自らの政権を徐々に崩壊させていきます。

この点については、すでに本書の中で何度か指摘していますが、組織の意思決定の品質というのはリーダーの力量だけによって決まるわけではなく、一種のシステムとして機能します。有効な人材を有効なサブシステムとして配置できれば、そのシステムは高品質の意思決定を行うわけですが、一方でそれは、リーダーの力量が変わらなくても、システムとしてのバランスが崩れれば、意思決定の品質もまた毀損してしまうのだということを示してくれているようにも思います。

アートのガバナンス

さて、このような示唆を今日の経営の現場に投射してみると、ＣＥＯとチーフクリエイティブオフィサーの関係についての示唆が得られます。

例えば、ユニクロを展開するファーストリテイリングでは、柳井正社長が大きな権力を持つトップとして経営を仕切りながら、アートの側面についてはクリエイティブディレクターのジョン・ジェイ氏やデザイナーの佐藤可士和氏を重用し、経営のクリエイティブ面について大きく権限委譲しています。

経営におけるアートとサイエンスの問題を考えると、必ず「アカウンタビリティの格差」という問題が発生し、アートの側面がないがしろにされるという指摘はすでにしました。ファーストリテイリングにおいては、この問題を解消するために、大きな権力を持つＣＥＯの柳井氏が、自らが「これ」と見込んだ一流のクリエイティブディレクターに「直接に権限移譲する」という仕組み、いわば「アートのガバナンス」を形成しているわけです。

同様の構図は、無印良品ブランドを展開する良品計画にも見られます。無印良品の場合、プロダクトデザイナーの深澤直人氏が、代表取締役会長である金井政明氏から直接依頼を受けた外部のアドバイザーとして、デザインの選定やプロトタイプの評価に大きく関わっています。私たちは、無印良品の製品を見ると、家具から雑貨、果ては化粧品に至るまで、一貫したデザインコンセプトを感じますが、それは個人のデザイナーの力量もさることながら、このような経営管理の仕組みにも依っているところが大きい。

ここでもまた、ともすればアカウンタビリティの格差の問題からないがしろにされがちなアート＝美意識の面で、権力者がいわばスポンサーとなることで、アートの側面で声が圧殺されないような仕組みを作っているわけですね。

ユニクロも無印良品も、現在、グローバルに高い競争力を持つに至っていますが、その競争力の大きな要因の一つがデザインであることは論を俟《ま》ちません。そして、このデザイン面での競争力は、**個人のデザイナーの力量もさることながら、意思決定におけるアート・サイエンス・クラフトの適度なバランスを保つ、経営ガバナンスの仕組みにあるのだという点を**忘れてはなりません。

経営者はなぜデザイナーに相談するのか？

今日、デザイナーやクリエイターが、経営者の相談相手として、デザインやクリエイティブの領域にとどまらず、広く経営全般に関するアドバイザーとして起用されるケースが増えています。

先述したユニクロにおける佐藤可士和氏や良品計画におけるアドバイザリーボードはもちろんのこと、例えばソフトバンクが旧ボーダフォンを買収し、携帯電話事業へ進出した際に外部からアドバイザーとなったのは、としまえんやカップヌードルの広告で知られるクリエイティブディレクターの大貫卓也氏でした。

経営者に外部からアドバイスする仕事と聞けば、一般的には経営コンサルタントをまず想起する人が多いと思います。しかし今日、**多くの企業経営者は、コンサルタントではなく、デザイナーやクリエイターを相談相手に起用しています。**

デザインと経営というと、その接点はロゴマークやプロダクトデザインといった領域にしかないように思われるかもしれません。しかし、私は「**デザイン**」と「**経営**」**には、本質的な共通点があると**思っています。この本質的な共通点があるために、デザインやクリエイティブの世界で一流の仕事をしている人が、経営者に対して付加価値の高いアドバイスができるのです。

では両者に共通する「本質」とは何か？

一言で言えば「**エッセンスをすくいとって、後は切り捨てる**」ということです。**そのエッセンスを視覚的に表現すればデザインになり、そのエッセンスを文章で表現すればコピーになり、そのエッセンスを経営の文脈で表現すればビジョンや戦略ということになります。**結果として出来上がる成果物の呼称は異なりますが、知的生産の過程で用いる思考の仕方はとてもよく似ているんですね。デザイナーやクリエイターは、自分がデザインやコピーで表現するエッセンスを磨き上げていくのと同じ思考プロセスを用いながら、経営者と対話し、その企業における戦略やビジョンを磨き上げているわけです。

この「本質の共通性」をちゃんと把握するためには、**経営という営みの本質が「選択と捨象」であることを、しっかりと理解することが必要**です。

よく「選択と集中」ということが言われますが、これは同語反復＝トートロジーです。選択したものに集中するのは当たり前のことでわざわざ言うまでもない。**大事なのは「選択と捨象」、つまり「選択」したら、後は「捨てる」ということ**です。

ＪＡＬ再生において中心的役割を果たした経営共創基盤ＣＥＯの冨山和彦氏は、その名もズバリ『選択と捨象』という著書において、「強い会社」は「選択」が上手なのではなく、「捨象」つまり「捨てること」に長《た》けているのだ、と指摘しています。

多くの人は、「優れた意思決定」というのは「優れた案を選択すること」だと考えています。しかし、実際にはむしろ逆です。つまり、「優れた意思決定」の本質というのは、「選択すること」にあるのではなく「捨てること」、すなわち「**一見すればどれも優れているように見えるたくさんの案を、まとめて思い切って捨てる**」**ことにこそある**のです。この「思い切って捨てる」点はまた、デザインやクリエイティブにおいても、本質的な重要性を持っています。

なにをしないのか決めるのは、なにをするのか決めるのと同じくらい大事だ。会社についてもそうだし、製品についてもそうだ。

スティーブ・ジョブズ

サイエンス型が強くなるとコンプライアンス違反のリスクが高まる

これまで、経営における「アートとサイエンス」のバランスについて考察してきましたが、ここでは別の角度から、経営における「サイエンスの過度な重視」がもたらす問題について考えてみましょう。

私は、昨今続発している**大手企業のコンプライアンス違反や労働問題の根っこには、経営における「過度なサイエンスの重視」という問題が関わっている**と考えています。

先述した通り、経営におけるサイエンスの側面を偏重し、過剰に論理と理性を重んじて意思決定をすると、やがては必ず差別化の問題に行き当たることになり、市場は「**赤化**」します。そのような市場で生き残ろうとすると、企業の統治や運営は、**現状の延長線上にストレッチした数値目標を設定し、現場のお尻を叩いてひたすら馬車馬のように働かせるというスタイル**に傾斜せざるを得ません。

もちろん短期間であれば、こういったスタイル、つまり根性だけを武器にして戦うというスタイルでも、ある程度の成果は出せるかもしれません。しかし成長市場であればまだしも、成熟した市場でそのようなスタイルで戦っていれば、いずれ限界が来るのは当たり前のことです。

新しいビジョンや戦略も与えないままに、マジメで実直な人たちに高い目標値を課して達成し続けることを強く求めれば、行き着く先は一つしかありません。**イカサマ**です。

ストレッチした無茶な数値目標を与えて現場の尻を叩くことしか知らない経営陣に率いら

れている多くの日本企業から、今後、コンプライアンス違反が続出することになるだろうと私がブログで予言したのは２０１５年10月のことでした。その後、この予言は残念ながら的中し、**東芝による粉飾決算を皮切りに、三菱自動車による燃費データ偽装、電通による広告費の水増し請求など、大企業によるコンプライアンス違反が後をたちません。**

業界も規模も異なるこれらの企業ですが、なんら有効な経営戦略を打ち出せない経営陣が、現場に無茶な目標を突きつけて達成し続けることを求めた結果、やがてイカサマに手を染めざるを得なくなった、というストーリーは基本的に同じです。

そもそも、**経営陣の最も重要な仕事は、経営というゲームの戦略を考える、あるいはゲームのルールを変えるということ**です。このように難易度の高い営みにおいては「アート、サイエンス、クラフト」の最高度のバランスが求められることになります。一方で、これらのコンプライアンス違反を犯した企業は、事業構造が大きく変わっているにもかかわらず、かつての成功モデルに拘泥《こうでい》したままで新しい戦略やビジョンを生み出せていない、という点で共通しています。

拙著『グーグルに勝つ広告モデル』（岡本一郎名義で刊行）において、広告取引の主体がマス広告からネット広告にシフトすることで、取引コストの肥大化という問題が必ず発生し、これは最終的に現場の疲弊と収益性の悪化という二重問題を招くことになると指摘したのは、２００８年のことでした。あれからすでに9年を経ていますが、少なくとも外部から観察するかぎり、広告代理店業界はこの問題を抜本的に解決するための大きな戦略を生み出せていません。その結果、筆者が9年前に指摘した「現場の疲弊」と「収益性の悪化」という問題が大きく顕在化しつつあります。２０１５年の12月、電通の新入社員が、過大な業務負荷を苦にして自殺するという悲痛な事件が起きました。組織論の専門家として局所的にこの事件の原因を考えれば、業務量を適切に管理できなかった直属の管理職の責任ということになるわけですが、この問題はそれほど単純なものではありません。内部で働いているのは構造的な要因、つまり「広告取引一件あたりの収益性の低下を、件数の増加で補おうとする基本的な経営戦略の破綻」にありますから、一介の中間管理職がどうこうできる問題ではないのです。

これは何も電通に限ったことではありません。昨今、労働問題や粉飾決算などのコンプライアンス違反を犯して世間を仰天させるような企業には、一つの「共通項」があります。それは既存事業の枠組みを前提にしてＫＰＩを設定し、ひたすらに現場の尻を叩くという、いわゆる「科学的マネジメント」に傾斜していた、ということです。いまでは世間から袋叩きにされている東芝ですが、数年前までは、ＫＰＩに基づく経営管理や指名委員会の導入などによって「企業統治の優等生」とマスコミから褒めそやされていたのを覚えている方もいるでしょう。

これはかつてのエンロンも同じなのですが、大規模な「イカサマ」に手を染めて破滅する企業の多くは、その直前まで「科学的経営管理」によって世間から称賛されているケースが少なくないんですね。

先述した通り、サイエンスだけに立脚していたのでは、事業構造の転換や新しい経営ビジョンの打ち出しはできません。こういった不確実性の高い意思決定においては、どこかで「論理的な確度」という問題については割り切った上で、**「そもそも何をしたいのか？」「この世界をどのように変えたいのか？」というミッションやパッションに基づいて意思決定することが必要**になり、そのためには**経営者の「直感」や「感性」**、言いかえれば**「美意識」に基づいた大きな意思決定が必要**になります。

このような局面で、サイエンスのみに軸足をおいて、論理的に確度の高い案件ばかりに逃げ込み続ければ、やがて現場は疲弊し、モラルの低下とイカサマの横行という問題が起きるのは当たり前のことです。

エキスパートは「美意識」に頼る

さて、本書ではこれまで、経営の意思決定における「直感」や「アート」の活用の重要性について、様々な角度から考察してきました。しかし、多くの人は、直感などというフワフワしたものに頼るのは危険なのではないか、やはり緻密に思考を積み重ねて論理的に意思決定するべきなのではないか、とお考えかもしれません。

緻密に論理的な思考を積み重ねて生み出した打ち手と、直感的にフワッと思いついた打ち手では、どちらの方がより有効なのか、という問題です。これはなかなか一筋縄に答えの出る問題ではないのですが、考察の材料として、一つの実験結果を共有しておきたいと思います。

オランダのエイドリアン・デ・グルートという研究者は、ワールドチャンピオンクラスのチェスプレイヤーと街のチェスクラブの常連（つまりアマチュアとしてはそれなりにハイレベルな人たち）という二群に対して、自分が考えていることを声に出しながらプレーしてもらうという実験をしました。

グルートはその模様をビデオに収録し、プレイヤーの思考過程を分析したのですが、この実験の結果、驚くべきことにワールドチャンピオンクラスのプレイヤーと街のチェスクラブの常連とのあいだで、読みの深さ、つまり読んでいる手の数についてはほとんど差がないということがわかったんですね。

では何が違ったのか？

ワールドチャンピオンクラスのプレイヤーの場合、**最終的に選んだ一番良い手が、読みの最初の数手の中に常に含まれていた**のに対して、街のチェスクラブの常連たちの場合、たくさんの手を読んでも、最後まで一番良い手が含まれていなかったということです。チェスの実力の差は、緻密に手を読んでいくという思考の粘りにあるのではなく、直感的にスジの良い手を思い浮かべられるかどうか、という点にこそ現れるというのがグルートの結論でした。つまり、最終的には**直感こそがエキスパートの重要な要件**だということが確認されたわけです。

これは将棋でも同様のようで、大量の詰め将棋の問題を、1問につき1秒から数秒という極端に短い時間で解いていくという脳科学の実験に参加された棋士の羽生善治さんは、次のようにコメントしています。

〝詰め将棋の場合は、短いのは特にそうですけど、ほとんど最後の局面をイメージするかどうか、というところなんですね。つくる場合も同じで、最後の局面をつくって、最初をどうするかというかたちで解いてる人が多いような気がします。もちろん、最初から着実に考えていくという方法もあるんでしょうけど、実験の場では、そういう時間はないので。〟

信原幸弘・エクスナレッジ『脳科学は何を変えるか？』

直感こそがエキスパートとアマチュアを分ける、と指摘すると、緻密に思考を積み重ねていく思考技術や思考体力は意味がないのか、と思われるかもしれません。しかし、そんなことはありません。グルートの研究対象になったチェスのチャンピオンたちは、最終的に「フワッ」と浮かんだ手が本当に正しい手なのかどうかを検証するために、緻密な思考を使っています。つまり彼らは、**山の片側から緻密な思考を積み重ねながら、山の反対側からは直感に導かれたアイデアの正しさを検証するという、トンネルを山の両側から掘り進めて一つの道筋にするような知的作業をやっている**わけです。

さて、読者の方の中には、複雑な問題を解くためには直感が大事だということはわかったけど、この直感と美意識とは、何の関係があるのか？　と思われた方もいるかもしれません。

しかし、私は直感と美意識は強くつながっていると考えています。というのも、この「フワッ」と浮かんだアイデアが優れたものであるかどうかを判断するためには、結局のところ、**それが「美しいかどうか」という判断、つまり美意識が重要になるからです。**

先ほどコメントを紹介した棋士の羽生氏はまた、「将棋における美意識」に関連して次のようなことを述べておられます。

> 美しい手を指す、美しさを目指すことが、結果として正しい手を指すことにつながると思う。正しい手を指すためにどうするかではなく、美しい手を指すことを目指せば、正しい手になるだろうと考えています。このアプローチのほうが早いような気がします。
>
> 羽生善治『捨てる力』

前記の文章以外にも、羽生氏はよく「美しい棋譜を残したい」といった趣旨のコメントをしていますし、また自分と同様に、将棋の「美しさ」を目指している棋士として谷川浩司氏を挙げるなど、しばしば「将棋における美意識」について触れています。

高度に複雑で抽象的な問題を扱う際、「解」は、論理的に導くものではなく、むしろ美意

識に従って直感的に把握される。そして、それは結果的に正しく、しかも効率的である、ということを羽生氏は述べています。「美しいと感じられるとき、それはなんらかの目的に適っている」というカントの指摘についてはすでに紹介しましたが、羽生氏もまた同様の指摘をしているわけです。

将棋は、言うまでもなく「論理が全て」という営みです。将棋を、数学のゲーム理論の枠組みで分類すれば「二人零和有限確定完全情報ゲーム」ということになりますが、これはつまり「完全な先読みが可能」であり、従って「数学的な解がある」ということです。

このような営みの、最高峰に位置する人が、難しい判断の基準として「論理」よりも「美意識」を用いている。その一方で、はるかに非論理的な要素が複雑に入り混じる経営という営みにおいて、過剰に「論理」が重んじられ、「美意識」が軽んじられている。このような状況について、私たちはよくよく考えてみる必要があります。

ビジョンと美意識

これからのビジネスパーソンにとって「美意識」は非常に重要なコンピテンシーとなると指摘する理由について、別の角度から説明します。

まず、現在の日本企業の苦境の大きな要因について述べたいと思います。それは「**ビジョンが足りない**」ということです。

世界をどのように変えたいのか？　日本をどのような国にしたいのか？　世の中のどんな問題を解決したいのか？

こういった問いに対して、即答できる経営者がどれくらいいるでしょうか？　おそらくほとんどいないでしょう。

どうしてこういうことになっているのか？

大きな理由の一つは、そもそも日本企業にはビジョンなど必要なかったのだ、ということが言えます。太平洋戦争後の焦土から立ち直り、産業を復興させるにあたって、私たちの先人が手本としたのは米国企業でした。ビジョンが、「**これから向かう場所＝Where」を視覚的にありありとイメージが湧くように記述したもの**だと定義すれば、そもそも言葉で記述する以前に、実際に目に見えるお手本があったわけです。

このような環境においては、大きな方向性や戦略についてあれこれと考えを巡らせることは、かえって競争力を毀損することにつながりかねません。差別化の難しい市場において、日本企業がスピードを新たな経営資源として活用し、グローバル競争を勝ち抜いていったことはすでに指摘しましたが、大きな方向性や戦略について深く考察することは、とりもなおさずこのスピードを毀損することになります。

ハーバード・ビジネス・スクールのマイケル・ポーター教授は、この状況を指して「日本企業には戦略がない」と批判し、議論を巻き起こしましたが、この指摘はその是非以前にそもそも的外れで、戦略など必要なかったのです。だってそうでしょう。レースをしていて、トップグループが先行しているのであれば、同じことをもっと安く、もっと早くできるように工夫して追いつくのが一番シンプルで有効な戦略であり、日本企業はまさにこれをやって高度経済成長をなし遂げたのです。このような社会においては、目指すべきゴールを決め、それをいかに効率よく達成するかを考えるよりも、ただひたすらに頑張ることが求められ、実際にそうすれば成果が出ていたわけです。

日本企業で「ビジョン」の議論を始めると、そんなフワフワした議論に時間をかけるくらいなら、少しでも売上数字を上げろ、というような空気を如実ににじませる経営幹部もいますが、彼らの育ってきた環境を思い返せば、そのような思考回路に支配されるのもわからないではありません。

ところが、この状況は90年代の初頭から変わり始めます。わかりやすく言えば、**日本がト**

ッ**プランナーになってしまった**ので、後追いするべき標的を失って迷走し始めたわけです。サル真似をするべき対象がなくなった状態で、考えることもなく、ひたすらに頑張る、努力することを続ければ、どういうことになるか、結果は明白です。何の成果も出せないままに、ただ徒労感だけがつのり、最後は行き倒れるしかありません。

いま、我が国の多くの企業がなんとも言えない「閉塞感」のようなものに覆われていますが、最大の原因はこの「**行き先が見えないままにただひたすらに死の行軍を求められている**」状況にある、というのが私の見立てです。このような状況を打開するには、目指すべきゴール、つまりビジョンを示すことが必要です。

しかし、このように指摘すると、多くの方から「いや、うちの会社はちゃんとビジョンを出している」という反論を受けます。なるほど、では、そのように反論する方に尋ねてみたいのですが、**そのビジョンは多くの人を共感させるようなものになっているでしょうか？** いや、そもそも、そのように反論するあなた自身が、そのビジョンに共感しているでしょうか？

ここでも重要になってくるのは「**理性**」**ではなく**「**感性**」**です。どんなに戦略的に合理的なものであっても、それを耳にした人をワクワクさせ、自分もぜひ参加したいと思わせるよ**

うな「真・善・美」がなければ、それはビジョンとは言えません。

よく「海外売上高比率を××％に」とか「アジアで売上トップに」といった内容の文言を「ビジョン」として掲げている会社がありますが、こんなものはビジョンではなく、**単なる「目標」であり、さらに言えば「命令」でしかない。**そこには**人を共感させるような「真・善・美」が全く含まれていません。**その言葉を発した人が、会社組織をどのように導きたいのか、ひいては社会や世界にどういうインパクトを出したいのか、全く伝わってこないのです。

ランドは文章も達者だった。ポラロイド社が成長するにつれて、年次報告書に公開される株主宛ての書簡は、徐々に彼の言葉と考えを披露する絶好の場となっていった。彼の書簡は、どちらかといえば個人的な意志表明に近く、心がこもっていて、コンパクトだった。そして、相手の心をわしづかみにするような不思議さもあった。収益や成長について話す代わりに、彼はランド流の世界を目の前に広げ、どんな人でも歓迎した。

クリストファー・ボナノス『ポラロイド伝説』

サイエンス偏重は一種の過剰反応

ここまで、経営における「アート、サイエンス、クラフト」という三つのバランス、あるいは意思決定における「論理と直感」と「理性と感性」という二つの対比軸を明らかにした上で、前者においては「アート∧サイエンス」という偏重が、後者においては「論理∨直感」「理性∨感性」という偏重が起きているということを指摘し、特に日本企業では説明責任＝アカウンタビリティの問題から、経営の意思決定において過度にサイエンス的側面、論理的・理性的側面が重視されているということを指摘してきました。

さて、ここで注意を促しておきたいのが、「**重視している**」**ということと**「**巧みであること**」は、**必ずしもイコールではないということ**です。多くの日本企業の場合、むしろ「**巧みでない**」**からこそ、重視している**という側面が強い。

なんの話をしているのかと訝《いぶか》しがるかもしれませんが、私が言おうとしているのは「**空気**」**の問題**です。

従来から、日本の組織は合理性をないがしろにして、その場を包む「空気」に流されて意思決定する傾向が強いと言われてきました。戸部良一他による『失敗の本質』や山本七平による『「空気」の研究』などを読むまでもなく、私たちは、日本人がその場を包む「空気」に流されて、しばしば非合理的な意思決定をしてしまうことを知っています。

とくに、わが国を存亡の崖っぷちまで追い込んだ太平洋戦争について、数々の悲惨な作戦の意思決定が、しばしば「空気」に支配されてなされたことから、これはわが国の国民にとって、一種のトラウマになっていると言ってもいい。

日本軍を包み込んでいた空気については、あまりなじみのない読者もいると思うので、少し脱線することになりますが、ここで触れておきましょう。

昭和50年8月号の「文藝春秋」の記事「戦艦大和」（吉田満監修構成）を読むと、日本軍を包み込んでいた空気が、どのようにして意思決定に影響したのかがよくわかります。

戦艦大和は、ほとんど活躍の場を与えられることなく、最後は米軍が制海権を握っている沖縄方面に航空機の護衛もなく突撃し、敵艦隊とまみえることなく、敵航空機部隊の攻撃により撃沈させられています。大量の航空機が待ち構える中に、航空機の護衛を伴わずに裸の艦隊を差し向けたこの作戦は、当時の作戦参謀の言葉を借りれば「作戦として形を為さない」もので、ありていに言えば巨大な戦艦を用いてヤケッパチの突撃をかけ、全滅したということです。

興味深いのは、このように悲惨で愚劣な作戦の意思決定が、当時、日本で最も高いレベルの教育を受けていた人たちによって、どうなされたかという問題です。

この悲惨な出撃について、同記事では、当時の軍令部次長であった小沢治三郎中将は「全般の空気よりして、当時も今日も（大和の）特攻出撃は当然と思う」と述べており、唖然とさせられます。今日の我々からすれば、単なる集団自殺にしか見えないほどに愚劣極まる作戦について、いまから振り返ってもなお責任者に「当然」と嘯かせるほどに、この「空気」は強力に、論理や理性を歪曲させるような支配力を持っていたことが窺えます。

このニュアンスは、同記事内の三上作夫参謀と伊藤整一長官の会話にも現れています。伊藤長官は、会議には参加しておらず、大和特攻の決定を後から聞くことになります。意思決定した場面にいなかったため、その場の「空気」を知らないので、当然この作戦が実施されるに至った議論の流れ、論拠をうまく理解できません。作戦の内容に論理的・理性的な根拠がないのだから説明されてもわからないのは当たり前のことです。

第一に、説明している三上参謀自身が、従来から「いかなる状況にあろうとも、裸の艦隊を敵機動部隊が跳梁する外海に突入させるということは、作戦として形を為さない」と主張しておおり、いわば自分を偽りつつ説明しているわけですから、そのような説明で百戦錬磨・頭脳明晰な伊藤長官が納得するはずはありません。

けれども「陸軍の総反撃に呼応し、敵上陸地点に切り込み、ノシ挙げて陸兵になるところまでお考えいただきたい」との説明で、ハタとその場を支配していた「空気」に思い至り、最後「一億総玉砕の魁《さきがけ》となってほしい」との言葉を聞くに及んで、伊藤長官は反論も議論も止め「それならば何をかいわんや。よく了解した」と答えたのです。

この了解とはすなわち「これは論理ではなく、空気によって決まった」ことを了解したということで、さらに言えば「であれば、すべての議論や反論も無為である」ということを了解した、ということです。

ここに紹介した大和の沖縄特攻に関する意思決定は一例にすぎません。戸部良一他による『失敗の本質』には、日本軍によってなされた他の多くの愚かな作戦について、その場を包む「空気」が決行の意思決定に大きく影響していたことが指摘されています。この「空気」によって、私たちの国は一度存亡の崖っぷちに立たされたのです。このような経験が、民族の意識の深いところに影響を与えないわけがありません。

現在、多くの日本企業が、巧拙はともかく、プロセスとしては「論理」×「理性」を重視して、なるべく合理的な意思決定をやろうともがいているのは、かつての日本軍のような意思決定のあり方、つまり「その場の空気」に流されてなんとなく決めてしまう、というような事態を、決して招くことのないようにという、**一種の過剰反応**なのだと考えることもできます。

しかし、もしそうなのだとすれば、そのトラウマを整理し、**正しい「論理と直感」「理性と感性」のバランスを取り戻すことが必要**でしょう。そもそも「意思決定をゆがめる空気」の存在を回避するための方策は、論理と理性に頼ることだけではないはずです。直感や感性に軸足をおいた主張であっても、それが場を支配する空気に風穴を開けるような鋭さや強さを持ったものであれば、論理と理性に頼った主張と同様に有効なはずです。

優れた意思決定には理性と感性、論理と直感の両方が求められるにもかかわらず、過去の辛い体験から、片方に過剰に傾斜してしまうのは、それこそ論理的でも理性的でもありません。

すべてを疑うか、すべてを信ずるかは、二つとも都合のよい解決法である、どちらでも我々は反省しないですむからである。

アンリ・ポアンカレ『科学と仮説』

第2章　巨大な「自己実現欲求の市場」の登場

全てのビジネスはファッションビジネス化する

今節以降では「世界のエリートはなぜ美意識を鍛えるのか？」という論点について、マーケティング的な側面から考察していきます。ここで取り上げて考察してみたいのは、いわゆるライフサイクルカーブの進行に伴うベネフィットの変化です。

ライフサイクルカーブというのは、市場の進化・成長を説明する概念ですね。あらためて説明すれば、市場は導入期・成長期・成熟期・衰退期の四つのステップを経るという考え方です。

私は長らく実務でマーケティングにも携わったので、実際の市場の変化はライフサイクルカーブで説明されるような単純なものではなく、従って実務でこれを用いることには大きな問題があることを実感していますが、少し引いた目で大きな変化を説明するときには、とても有効な概念だと思っています。

さて、ここで重要になってくるのが、市場のライフサイクルの変化に伴って、消費者が求めるベネフィット＝便益も変化していくということです。この便益は、市場の導入期から成熟期へと至る過程で、機能的便益、情緒的便益、自己実現的便益と変化していくことが、一般的に知られています。

例えば、パソコンを考えてみるとイメージしやすい。最初は、記憶容量はどれくらいか、計算能力はどうかといった「機能」が、商品を選択する際の重要な基準になっていました。しかし、やがてこういった機能での差異がそれほど大きくなくなってくると、今度はデザインやブランドといった感性に訴える要素が、選択の大きな基準になってきます。つまり「デザインが自分の部屋のインテリアに合う」とか「素材の質感が好き」といった理由が、購入の大きな動機になるということです。

この時期には、機能的な向上だけを目指して企業努力を続けていた会社の多くは、「デザイン」という要素に着目した企業に大きく遅れをとり、場合によっては市場から退場させられることになります。一時期、パソコンの世界シェアで１位を獲得したコンパックなどが典型的な企業と言えるでしょう。

この時期を通過する過程で、デザインや質感といった側面で一定レベル以上の情緒的便益を提供できなかった企業は淘汰されることになり、市場のデザイン的な側面でのレベルは一気に高まることになります。

すると次に「自己実現的便益」のフェーズがやってきます。この時期に至る段階で、デザイン的にヒドいレベルの企業は淘汰されていますから、どのブランドを買っても「それ、ヤバイね」ということにはなりません。むしろ、そのブランドを選ぶことで「ああ、あなたはそういう人なのですね」というメッセージが伝わるようなブランドを購入するようになります。アップルのMacBookAirを持ってスターバックスでパチパチとキーボードを打っていれば、彼は「そのような人だ」ということで周りから規定されることになります。

このとき、「そのような」が真実であるかどうかは問われません。あくまで「のような」で構わないわけです。

自己実現的便益のレッドオーシャン

消費という行動が一種の記号の交換であることを、明確な形ではじめて指摘したのは、20世紀後半に活躍したフランスの思想家、ジャン・ボードリヤールでした。彼は著書『消費社会の神話と構造』の中で、次のように指摘しています。

人びとはけっしてモノ自体を（その使用価値において）消費することはない。——理想的な準拠として捉えられた自己の集団への所属を示すために、あるいはより高い地位の集団を目指して自己の集団を抜け出すために、人びとは自分を他者と区別する記号として（最も広い意味での）モノを常に操作している。

ジャン・ボードリヤール『消費社会の神話と構造』

あらためて思い返してみれば、ボードリヤールが前記の指摘をしたのは１９７０年のことで、もう40年以上も前なんですね。すでにその時点で、フランスをはじめとした先進諸国においては、モノの消費というのは機能的便益を手に入れるための交換という側面が弱くなり、自己実現のための記号の獲得という側面が強くなっていたわけです。

さて、ここで問題になってくるのが、新興国による経済成長です。なぜかというと、新興国が経済成長を実現し、一人あたりの所得水準が高まれば、やがてこれらの国においても、40年前に先進国で起こった「消費の記号化」という現象が、いずれ起きるからです。

ノーベル経済学賞を受賞したロバート・ウィリアム・フォーゲルは「世界中に広まった豊かさは、全人口のほんの一握りの人たちのものであった『自己実現の追求』を、ほとんどのすべての人に広げることを可能にした」と言っていますが、これはつまり現在のグローバル市場が、巨大な「自己実現的便益のレッドオーシャン」になりつつあるということを意味します。

　以上の考察をまとめれば、現代社会における消費というのは、最終的に自己実現的消費に行き着かざるを得ないということであり、それはつまり全ての消費されるモノやサービスはファッション的側面で競争せざるを得ないということです。

　このような側面から考えてみると、私たちはもはやアップルという会社をＩＴ企業と捉えるよりも、ファッションの会社だと考えた方がいいのかもしれません。なぜなら、アップルが提供している最も大きな価値は「アップル製品を使っている私」という自己実現欲求の充足であり、さらには「アップルを使っているあの人は、そのような人だ」という記号だからです。

　このような社会において、論理と理性に軸足をおいたサイエンス主導経営は、競争力をやがて喪失していくことになるでしょう。求められるのは、「何がクールなのか？」ということを外側に探していくような知的態度ではなく、むしろ「これがクールなのだ」ということを提案していくような創造的態度での経営ということになります。

これからの時代、精神的な充実を求める声が一段と強まり、物質主義は後退するでしょう。企業も例外ではなく、もはや購買欲や物質的満足を満たすだけでは顧客を呼べません。成功するには、それ以上のものが必要です。

ベルナール・アルノー『ブランド帝国ＬＶＭＨを創った男』

なぜマッキンゼーはデザイン会社を買収したのか？

２０１５年の５月、コンサルティング会社のマッキンゼー＆カンパニーが、カリフォルニアのデザイン会社のLUNARを買収するというニュースが流れて業界で話題になりました。

LUNARはアップル、グーグル、ヒューレット・パッカードなどの優良企業を顧客に持つ、デザイン会社の大手です。

私はマッキンゼーの内部者ではないので、この買収の意図について正確に知る立場にはありませんが、戦略コンサルティングの業界で10年間働いた人間として、おそらくこういうことだったのだろうな、という考えをここで述べておきたいと思います。

コンサルティング会社、なかでもマッキンゼーに代表される戦略系コンサルティング会社が、創業以来ずっと提供してきた付加価値を一言でまとめるならば、「経営にサイエンスを持ち込む」ということになります。

マッキンゼー中興の祖であるマービン・バウアーは、戦略コンサルティング業界そのものを構想した人ですが、彼のビジョンの凄さは、それまで「クラフト」に偏重していた企業組織の意思決定に、事実と論理に基づく意思決定、つまり「サイエンス」を導入したことです。マービン・バウアーが登場するまで、コンサルティングは、業界を引退した経験豊富な人材によるアドバイスが主流でした。こういったコンサルタントはほとんどが高齢で白髪だったため、このような「豊富な経験に基づくアドバイス」をグレイヘアコンサルティングアプローチと言います。読者のみなさんはすでにおわかりと思いますが、このようなアプローチは、当然ながら「クラフト」に偏重したものにしかなり得ません。

しかし、このアプローチをビジネスとして展開しようと思うと大きな問題があります。グレイヘアコンサルティングアプローチは、業界を引退した経験豊富なエキスパートに大きく頼るビジネスモデルですが、そのような人材はそうたくさんいるわけではないので、どうしても規模を大きくできないのです。

そこでマービン・バウアーは、「クラフト」に軸足をおいたアドバイスに対抗するには、どうすればいいのか？　ということを考えます。

そして出した結論が、事実と論理に軸足をおいたコンサルティングサービス、今日ではファクトベースコンサルティングアプローチと呼ばれるサービスの提供です。このアプローチであれば、サービスを提供するコンサルタントは、事実を収集し、集めた情報を正しく論理的に処理できる程度の知能があればよく、従って経験を持たない若い人でも提供することが可能ですから、採用とトレーニングによっていくらでも規模を大きくすることができます。

果たせる哉《かな》、その後、ファクトベースコンサルティングアプローチは、業界の主流となり、マッキンゼーは今日では1万人以上のコンサルタントを抱える巨大ファームにまで成長しました。

さて、ここまでは良かったわけですが、ここにきて戦略コンサルティング会社のメソッドやアプローチには様々な限界が指摘されています。

マッキンゼーの元ディレクターで、現在は一橋大学大学院国際企業戦略研究科で教鞭をとる名和高司教授は、著書『成長企業の法則』の中で、マイクロソフトやＩＢＭを並べて挙げながら、マッキンゼーのビジネスが世界的に失速傾向にあることを指摘し、グローバル標準化の危険性について警鐘を鳴らしています。

一体何が起きているのでしょうか？

これはマッキンゼーに限ったことではなく、戦略コンサルティングに代表される知的生産型のビジネス全般に関連していることなんですが、現在起こっているのは「正解のコモディティ化」という問題です。

マービン・バウアーはかつて、人材供給の量と安定性にボトルネックを抱えるグレイヘアコンサルティングから脱却し、人材の選出と育成さえ誤らなければ、高いクオリティのコンサルティングサービスを量産できるファクトベースコンサルティングのビジネスモデルを構築し、今日のマッキンゼーの礎を築きました。

しかし、少し長い目で考えてみれば、このアイデアには大きな問題があることに気づくはずです。というのも、ファクトベースコンサルティングは、手法さえ学んでしまえば、一定レベル以上の知的水準にある人なら誰にでも提供可能なサービスだからです。

マッキンゼーを代表とするファクトベースコンサルティングの提供価値は、本質的に「経営にサイエンスを持ち込む」ことであることは、すでに指摘しました。そしてまた、あらためて繰り返すまでもなく、サイエンスというのは言語化が可能であり、再現性があることが求められます。そしてこの二つの要件は、拡大再生産が可能であることを意味します。

この拡大再生産が、一定の期間、ファームの中に閉じて限定的になされることによってマッキンゼーは大きく成長したわけですが、中の人材をいつまでも閉じ込めておくことはできません。当然のことながら、内部にいてファクトベースコンサルティングのノウハウを学んだ人材が流出することで、この方法論はやがて他社の知るところとなり、それは必然的に差別的競争力の源泉を毀損することになります。

デザイン思考

ファクトベースコンサルティングの標準的な問題解決のアプローチ自体が普及して陳腐化するという問題に加えて、そもそもの方法論自体の限界についても指摘するべきでしょう。

今日、グローバルカンファレンスなどで度々耳にする言葉に「VUCA」という言葉があります。先述した通り、「VUCA」とは、Volatility（不安定）、Uncertainty（不確実）、Complexity（複雑）、Ambiguity（曖昧）の四つを組み合わせた言葉で、**元々は米国陸軍が、現在の社会や経済の状況を表すために用いた造語です。**

こういった状況の中では、古典的な問題解決のアプローチはうまく機能しません。

マッキンゼーがファクトベースコンサルティングを確立する過程で構築した問題解決の手

法、クリティカルシンキング等のスキルは、問題をシンプルな因果関係の構造として捉えることで、解決のアプローチを創出するという考え方に立脚しています。

事象の因果関係が静的でシンプルな構造として整理できるのであれば、これはこれで有効なアプローチなのですが、先述した通り、世界はどんどんVUCAになっているわけで、こういったアプローチはなかなか適用しづらい。扱おうとしている問題の種類と、問題解決のアプローチがフィットしていないんですね。

一方で、デザイン会社が立脚している問題解決のアプローチは、大きく異なります。デザイン会社の手法を単純化して説明することは難しいのですが、あえて先述したファクトベースコンサルティングと対照的に述べれば、因果関係を静的に捉えて問題を発生させる根っこを抑えにいくファクトベースコンサルティングに対して、**デザイン思考はもっと動的であり、最初から解を捉えにいく**ということになります。厳密な因果関係の整理は、要素の変化が絶え間ない世界ではあまり意味をなさない。**直覚的に把握される「解」を試してみて、試行錯誤を繰り返しながら、最善の解答に至ろうとする**わけです。統計学を学んだことのある人であれば、従来の問題解決がロナルド・フィッシャー以降の古典的な推計統計学に該当する一方、デザイン会社のアプローチはベイズ確率に該当すると言えばピンと来るかもしれません。

簡単に説明すれば、従来の統計学では一定量のデータを元に確率を推計しますが、ベイズ確率では「正確な確率は神にしかわからない」という前提のもと、とりあえず仮置きした確率を、試行を繰り返しながら修正していくというアプローチをとります。

ここまで読んでいただければ、マッキンゼーがなぜデザイン会社を買収したのか、私の仮説についてはご理解いただけたと思います。

整理すれば、コンサルティング産業は、豊富な経験を持つ長老のような人によるグレイヘアコンサルティングからスタートし、マッキンゼー中興の祖であるマービン・バウアーによるファクトベースコンサルティングへと大きく進化しました。このシフトは、クラフト偏重によるコンサルティングから、サイエンス重視によるコンサルティングへのシフトとして整理できます。そしていま、機能面での競争から情緒面での競争へのシフト、あるいは技術や政治、外交などが複雑に絡まり合うVUCAの世界における、サイエンス重視型アプローチの限界という状況に直面し、コンサルティングの世界に「アート」を盛り込もうとしている、というのが私の整理ということになります。

「巨大な自己実現市場の登場」は日本にとっての好機

さて、ここまで、全地球的な経済発展の結果、世界が巨大な「自己実現欲求の市場」になりつつあること、そして、そのような変化に対応して、これまでサイエンスだけを付加価値の立脚点としてきたコンサルティング会社も、アートを取り入れることを模索しつつあることを説明してきました。

本節では、このような変化が、私たち日本人にとってどのような意味合いを持っているのかについて考察してみたいと思います。結論から言えば、私自身は、このような変化は、私たち**日本人にとって、とてつもなく大きな機会をもたらす**ものと考えています。

「自己実現欲求の市場」においては、機能的な便益や価格競争力よりも、顧客の感性を刺激する情緒的で自己実現的な便益が重要であることは、すでに指摘しました。そのような市場においては、企業や社会が持つ基礎体力としての「美意識」が、非常に重要な競争資源として浮かび上がることになります。そして、この点において、**日本はフランスと並んで、おそらく世界最高水準の競争力を持っています。**

この点を考察するにあたって、大きな立脚点となるのが、明治の開国以来、日本にやってきた数多くの外国人が記録した**「日本の美意識」**に関する印象です。

例えば、大西洋単独無着陸飛行を最初に成し遂げたチャールズ・リンドバーグの妻であるアン・モロー・リンドバーグがそうです。彼女は、1931年に夫のチャールズとともに飛行機で日本を訪れた際の印象をのちに出版した旅行記『翼よ、北に』において記しています。夫のチャールズは、ナチスドイツの優性政策を支持した人種差別主義者で、相当に問題のある人なんですが、それは横においておくとして、妻であるアンという人は大変にリベラルで、著した紀行文はどれも掛け値なしに素晴らしい。

アンは、この本の中で、日本について次のように書いています。

すべての日本人には芸術家の素質がある。そのような芸術的なタッチはあらゆるところに見られる。しごくあっさりした着物のうちにも、毛筆の書き流す文字のうちにも見られる。雨の通りに花ひらく、青や赤の番傘や蛇の目傘のうちにも、普段使いの食器のうちにも見られる。わたしは、日常生活のうちの紙と紐すらも、日本特有のタッチによって、かりそめならぬものに変えられているのだと感じるようになった。

アン・モロー・リンドバーグ『翼よ、北に』

私たち日本人からすると、少し面映ゆいように思われるくらいのスゴい褒めようです。しかし、明治から昭和にかけて日本にやってきた教養ある外国人の多くは、同じような印象を日本に対して持っているんですね。

例えば、１９３３年にナチスドイツの迫害から逃れるために来日したドイツの建築家ブルーノ・タウトが、案内された桂離宮を見て、そのあまりの美しさに感動して泣いてしまった、というエピソードを耳にした人も多いと思います。

一方で、リンドバーグやタウトが指摘した視覚的・芸術的な美意識ではなく、精神的な側面での美意識を指摘した外国人も少なくありません。典型例は、大正末期から昭和にかけて駐日フランス大使を務めたポール・クローデルでしょう。

クローデルという人は一種のルネサンス人で、劇作家や詩人として最高水準の作品を生み出す一方で、外交官としても活躍した人です。こういう人物を大使として迎えることができたのは、つくづく日本にとってラッキーだったと思います。

クローデルは１９２１年から１９２７年にかけての６年間、フランスの駐日大使として日本で過ごした後、アメリカとベルギーの大使を務め、外交官を退官します。その後、ご存知のように日本は泥沼の戦争に突き進んでいくわけですが、敗色も濃厚になった１９４３年の秋、パリで行われたパーティにおいて、クローデルは多くの参加者の前で次のようなスピーチをしたと言われています。

私がどうしても滅びて欲しくないと思う一つの民族があります。それは日本人です。あれほど古い文明をそのままに今に伝えている民族はありません。彼らはたしかに貧しい、しかし高貴なのです。

言うまでもありませんが、当時のフランスはドイツとの戦いの渦中にあり、日本はそのドイツの同盟国です。つまりクローデルのこのスピーチは、極論すれば「敵国が大好きだ」と言っているわけで、よくもまあこんなスピーチができたものだと思わざるを得ません。おそらく、それほどまでに日本への思い入れが強かった、ということなのでしょう。

このような感銘を受けた外国人は、その他にも、例えば明治時代に来日し、帰国したのちに日本美術を世界に紹介し続けたアーネスト・フェノロサや、同じく日本文学を紹介したドナルド・キーンなど、本当にたくさんいます。無名の人も含めればそれこそ数えきれない人が、「真・善・美」に関する「日本の美意識」が、世界最高水準にあることを認めてくれているんですね。

世界が巨大な「自己実現欲求の市場」となるとき、世界的に形成された「日本＝美意識の国」というパーセプションは、極めて大きな武器になるはずです。

イノベーションにはストーリーが必要

クローデルやキーンの指摘には、いくつか「美しい誤解」と思われるものもあり、実際にそういう批判を揚げ足取りのように繰り返している専門家もいるのですが、クローデルやキーンの指摘が正しいか間違っているかという点は、日本の競争戦略を考える上ではどうでもいい問題です。

重要なのは、彼らをはじめとして、多くの外国人が「日本は神秘的で美しい国だ」と思っていることです。**マーケティングというのはパーセプション＝認識が全てですから、正しいか正しくないかは問題ではない。それが「美しい誤解」であれば、その誤解を徹底的に利用することを考えた方がいいということです。**

さて、日本に対するこのような認識が、どのように競争力として作用するのでしょうか？

この論点を考察するにあたり、あらためてイノベーションという問題について考えてみましょう。

イノベーションが競争の鍵だと言われるようになってすでに久しいですね。今日では、イノベーションを経営課題の一つとして掲げていない会社はほとんどないのではないか、と思われるくらいですが、一方で「イノベーションが競争の鍵だ」ということを誰もが言うようになったということは、つまりすでにイノベーションは競争の鍵ではない、ということでもあります。

先述した通り、競争戦略というのは差別化を追求するわけですから、皆が同じ目標を掲げて走っているという現在の状況の先に、大きな見返りがあるとは考えられない。

問題になるのは「**イノベーションのその先**」**に何を追求するか**、ということです。このパースペクティブを持たないままに、「イノベーションの実現」だけをゴールに走るのは非常に危険だと思います。

この点を考えるにあたって、格好の材料となるのがアップルという企業です。一般に、アップルの強みはイノベーションにある、と考えられています。確かに強みの一つではあるのでしょうが、このような目の粗い認識をしていると、アップルの本質的な強みを見過ごしてしまうように思うのです。

本当に、**アップルの中核的な強みはイノベーションなのでしょうか？**　いや、私はそうは思いません。

このように指摘する理由は実にシンプルで、アップルがイノベーションによって生み出した製品の数々は、あっという間にコピーされてしまったからです。もしアップルの強みがイノベーションにあるのだとすれば、コピーされた後にも競争力を維持し続けている理由を説明できません。

じゃあ、なんなのか？　ということになるわけですが、私は、アップルという会社の持つ本質的な強みは、**ブランドに付随するストーリーと世界観**にあると考えています。だからこそ、機能も外観も似たり寄ったりの製品が世に溢れるようになった現在にあってもなお、その競争力を失っていない。なぜなら、外観もテクノロジーも簡単にコピーすることが可能ですが、**世界観とストーリーは決してコピーすることができない**からです。

デザインとテクノロジーはコピーできる

この点について、米国のデザインイノベーションファーム Ziba のエグゼクティブフェローである濱口秀司氏は次のように指摘しています。

言い換えると、イノベーティブなアイデアがあり、それをもとに製品・サービスをつくったとしても、機能、デザイン、ストーリーの3つを認知させなければ、世の中に受け入れられないのである。

時代とともに、技術やデザインの差異から生まれる競争優位は、コピーという攻撃を受けた際にポジションを守ることが困難になっているが、ストーリー性だけは、コピーされてもオリジナル価値が揺るがない最後の価値である。

濱口秀司『「デザイン思考」を超えるデザイン思考』

優れたイノベーションは、それが優れていれば優れているほど、即座にコピーされることになります。イノベーションについては、とかくデザインとテクノロジーが主題となって議論される傾向がありますが、デザインとテクノロジーだけを拠り所にして実現された製品には、悲惨な末路しか待っていません。なぜなら**デザインとテクノロジーというのは、サイエンスの力によって容易、かつ徹底的にコピーすることが可能だからです。**いわゆるリバースエンジニアリングです。サイエンスの泣き所は、突き詰めると、リバースエンジニアリングが可能だということで、これは情緒的価値が求められる世の中においては、決定的な欠陥だと言っていい。

アカウンタビリティとは要するに「言語化できる」ということだ、とはすでに指摘しましたが、忘れてはならないのは、**言語化できることは、全てコピーできる**ということです。これは「差別化」の問題を扱う経営戦略論において、なぜかほとんど言及されないポイントなのですが、今日の競争戦略を考える上においてはとても大事な点だと思います。

思い返せば、ノート型パソコンという、今日では巨大な市場を生み出すことになったイノベーションを実現したのは東芝でした。そして、現在の私たちは、東芝のパソコン事業がどのような末路を迎えつつあるかについてよく知っています。イノベーションが重要だという指摘は、**イノベーションの後に発生する「パクリ合戦」における、デザインとテクノロジーの陳腐化という問題を見落としていることが多い**。

一方で、**ストーリーや世界観はコピーできません**。ストーリーや世界観というのは、その企業の美意識がもろに反映するわけですから、これはサイエンスではどうしようもない。そして繰り返せば、アップルの本質的な強みはテクノロジーでもデザインでもなく、アップルという抽象的なイメージに付随する世界観とストーリーなのだということです。

ここが、イノベーションが継続的な経済価値を生み出すものになるかならないかの分水嶺であり、言うまでもなく、**世界観とストーリーの形成には高い水準の美意識が求められる**ことになります。

ここまでお話しすればもうおわかりですね。デザインとテクノロジーだけでは、一時的に勝つことはできても、勝ち続けることは難しい。そこには「ストーリー」と「世界観」という要素が求められるわけですが、この二つを、いわば**天然資源のように豊富に持っているのが「日本」という国**なのです。

私たちはこのような「目に見えない資源」を残してくれた先人たちに感謝しなければならないわけですが、また一方で、そのような資源を受け継ぎ、より豊かなものにしていくという責任もまた担っています。これはなまなかな覚悟ではできません。

個人の知的活動を支援する「パーソナルコンピューター」という概念を最初に提唱した人物にアラン・ケイという人がいます。そのケイが来日したおり、国立博物館で螺鈿《らでん》細工の印籠を見て「日本人は２００年も前にこんなにクールで美しいモバイルを作っていたのに、なんでいまはあんなに醜い携帯電話しか作れないのか？」と怒っていたことがありました。

生活の中から失われた「美」は、やがてそこに暮らす人の感性を鈍麻させ、鈍麻した感性を持った人々が、マーケティングスキルを頼りに作り出すさらに醜悪なプロダクトを世の中に溢れさせ、社会の美を根こそぎにしていくことになります。

　私たち日本人は類い稀な「美意識」を潜在的に持った民族で、その点については自信を持つべきだと筆者は考えていますが、一方で、この高い美意識はまた容易に失われてしまうものでもあることを、私たちはよく認識しておく必要があります。

第3章　システムの変化が早すぎる世界

システムの変化にルールが追いつかない世界

前章まで、世界的に全ての事業が「ファッションビジネス化」しつつあること、世界がより不確かで曖昧な「VUCAワールド」になりつつあることを示し、そのような流れを受けて、経営における「美意識」の側面が重視されつつあることを説明してきました。

ここからは、特に「VUCA化」する世界において、**美意識を持たないビジネスが厳しい局面を迎えざるを得ない**ということを、DeNAをはじめとした一連の新興ネットベンチャーによる不祥事を題材にして考察したいと思います。

なお、ここでは考察の具体性という問題から、個別企業としてDeNAを取り上げますが、筆者個人にはDeNAだけを批判あるいは揶揄する意図は全くありません。同様の問題は、自分が所属する組織も含めて、どこで起きてもおかしくないと思っています。

さて、あらためて確認しておけば、DeNAは、ここ数年のあいだに、二つの不祥事を起こしています。

一つは、2012年に発生した、いわゆる「コンプガチャ問題」です。

コンプガチャというのはゲームにおける課金の仕組みです。カプセルトイ＝いわゆる「ガチャガチャ」のようにランダムに入手できるアイテムのうち、特定の複数アイテムを全て揃える（＝コンプリートする）ことで、希少なアイテムを入手できるという仕組みを、大まかに総称してこのように呼びます。

ちなみに、このコンプガチャという「ボロ儲けの仕組み」は、ＤｅＮＡだけでなく、グリーやサイバーエージェントなど新興ネットベンチャーの多くに採用されていました。

さて、このコンプガチャですが、一時的には極めて収益性の高い事業になったものの、やがて希少なアイテムを手に入れるために高額の費用をゲームに注ぎ込んで破綻する若者が続出して社会問題となり、最終的には消費者庁から「景品表示法違反の疑いがある」と指摘され、全ての企業がサービスを停止することになりました。

二つ目が、２０１６年に発生したキュレーションメディアの問題です。ＤｅＮＡが運営していたＷＥＬＱをはじめとした複数の媒体において、誤情報の記載や著作権をクリアしていない他媒体の記事の無断転用といったことが横行し、社会問題となりました。

特に問題になったのは、ＷＥＬＱが医療情報を提供するウェブサイトだったことです。言うまでもなく医療情報は人の生命に関わるものであり、その信頼性には十全の配慮が求められます。ところが、ＤｅＮＡは同メディアの閲覧に関して「提供情報については、その真偽や正確性について、当社は責任を負わない」と、明確に責任を回避していました。

この時点ですでに、医療情報を提供する事業者の倫理としてアウトだろうという印象を持つ方もおられるかもしれませんが、不確実な情報を「不確実ですよ」と明記して提供するのを一つの態度だとする考え方もあります。典型的には Wikipedia がそうです。

Wikipedia は、自分自身を「信頼できないメディア」として分類しており、最終的な情報の精度は、エンサイクロペディアなど、Wikipedia 自身が「信頼できるメディア」として紹介している情報源を当たるように促していますが、これはこれで一つの態度と言えます（＊3）。

私が、決定的だと思うのは、ＤｅＮＡが「情報の真偽については、その責を負わない」と逃げておきながら、**信頼できる情報へのアクセスを積極的に妨害していた点**です。

同社は、グーグルをはじめとしたサーチエンジンの検索結果の上位に、自社サイトのみが表示されるように操作することで、ユーザーが、その他の「信頼できる情報源」へアクセスすることを積極的に妨害していました。

医療情報を提供しておきながら、自らは「信頼性に責任は負わない」と明言し、かつ信頼に足るメディアへのガイドをするならまだしも、むしろこれを徹底的に妨害するということをやっているわけで、いったい社会に何を提供したいと考えているのか、全くわかりません。結局、このサービスは様々な方面からの批判を浴び、最終的には東京都などの行政組織からも改善の指導を受け、ＷＥＬＱを含めた全てのキュレーションメディアが閉鎖されることとなりました。

ちなみに「コンプガチャ」のときと同様、同じようにキュレーションメディアの事業を展開していたリクルートやサイバーエージェントも、特に医療関連の情報については削除の上、サービスを停止しています。

＊3　Wikipedia で「信頼できる情報源」と入力すると、Wikipedia に記載されている情報の信頼性に関する詳細なガイダンスを読むことができます。これを読むと、Wikipedia 自身が「情報の信頼性」について、どのように考えているかがよくわかります。

なぜ繰り返し問題を起こすのか？

さて、ここまで、ＤｅＮＡを典型事例として取り上げながら、「コンプガチャ」と「キュレーションメディア」が巻き起こした社会問題について、おさらいしてきました。

ここで読者のみなさんと一緒に考えたいのは、なぜＤｅＮＡやサイバーエージェントといった新興ネットベンチャーは、こういった問題を繰り返して起こすのか？　という問題です。

ＤｅＮＡが巻き起こしたような社会的問題が、個社の、それも単発的な事件であれば、もちろんその理由は個社、あるいは場合によっては固有の部門や個人に帰せられるわけですが、ことがこれほど継続的かつ広範囲に及ぶのであれば、これを個社の問題として整理することは難しい。つまり、日本のネットベンチャーを取り巻く社会的、文化的な要因として、このような事件を、継続的かつ必然的に起こさせるような構造的要因が働いていると考える方が妥当だということです。

ここで、ＤｅＮＡをはじめとしたネットベンチャーが、コンプガチャやキュレーションメディアといった社会問題を発生させる経緯について、簡単におさらいしてみましょう。多くの方が感じられたことだと思いますが、この二つの事件は、事業内容が全く異なるにもかかわらず、事件に至る経緯は基本的に同じで、整理すれば次のようになります。

1. まず、シロ＝合法とクロ＝違法のあいだに横たわるグレーゾーンで荒稼ぎするビジネスモデルを考案する。
2. そのうち、最初は限りなくシロに近い領域だったのが、利益を追求するうちに限りなくクロに近い領域へドリフトしていく。

３．やがて、モラル上の問題をマスコミや社会から指摘されると、「叱られたので止めます」と謝罪して事業の修正・更生を図る。

ここでポイントになるのが、ともに「**開始の判断＝経済性、廃止の判断＝外部からの圧力**」という構造になっているという点です。つまり、**美意識に代表されるような内部的な規範が、全く機能していない**んですね。

事業開始の意思決定にあたっては、「法律で禁止されていない以上、別に問題はないだろう」というのが、彼らの判断基準になっています。

少し古い話になりますが、２００５年、堀江貴文氏に率いられていた旧ライブドアが、時間外取引によりニッポン放送の株式を大量に取得して世間を騒がせましたが、これも「脱法的ではあるが、違法ではない」という金融庁幹部の木で鼻を括ったようなコメントに象徴されるように、法律が未整備な領域＝グレーゾーンを活用したものでした。

実定法主義と自然法主義

さて、明文化されたルールだけを根拠として、判断の正当性そのものの考察には踏み込まない、その判断が「真・善・美」に則るものであるかどうかは問わないという考え方は、法学でいう**実定法主義**に該当します。当然のことながら、実定法主義のもとでは、「法そのもの」の是非は問われません。つまり実定法主義というのは「悪法もまた法である」という考え方です。

旧ライブドアの社長だった堀江氏は典型的な「実定法主義の人」だと言えます。

堀江氏に関しては、その服装や物言いから「アウトロー」とか「反逆児」といったイメージが付随しがちですが、これは彼流の涙ぐましいパフォーマンスによるイメージ操作の賜物で、実際は極めてルールの線引きに関して敏感な、繊細で優等生肌の人物と考えた方がいい。

堀江氏はことあるごとに、商法上の規定がどうなっているか、という点に言及して喧《かまびす》しい議論を退けています。「時間外に大量の株を取得して企業の支配権を得る」という行為についても、「倫理的にどう思うのか？」という詰問に対して、堀江氏はしばしば「法律に違反することはやっていない」と答えていますが、これは典型的な実定法主義の態度と言えます。

一方、このような考え方に対して、自然や人間の本性に合致するかどうか、その決定が「真・善・美」に則るものであるかどうかを重んじる法哲学を**自然法主義**と呼びます。実定法主義とは異なり、自然法主義のもとでは、法そのものの是非が批判的検討の対象となります。

では実定法主義と自然法主義で、どちらが優れているのかということになるわけですが、興味深いことに19世紀までは、人為的に制定された実定法は、人と自然の本性からアプリオリ（経験に先だって）に規定される自然法の下に位置付けられる、というのが、西欧における一般的な通念でした。

なぜ、実定法は自然法の下に位置付けられなければならないのでしょうか？

ここで浮上してくるのが「**実定法の普遍性**」という問題です。

実定法主義では、自然法主義とは異なり、法は人為的に、トップダウンで制定されることになります。このとき、その法は、ある固有の状況、つまり固定的で閉鎖的なシステムの内部におけるルールとして機能することを期待され、制定されることになります。システムが変化しない、あるいは変化があったとしても緩慢に起こる世界であれば、これはこれで問題ない。「状況が変わってきたので法律を少し変えましょう」ということで、これはハンムラビ法典の時代以来、ずっと人類がやってきたことです。

ところが昨今、いろんなところで起こっているのが、**システムの急激な変化に対して、法の整備が追いつかない**という状況です。このような世界において、法律で明文化されているかどうかだけを判断の基準として用いる実定法主義的な考え方は危険です。

なぜ危険かというと、ただ単に「違法ではない」という理由で、倫理を大きく踏み外してしまった場合、**後出しジャンケンで違法とされてしまう可能性があるから**です。旧ライブドアにしても一連のＤｅＮＡの事件にしても、起きているのは「倫理が先、ルールが後」という順です。

後出しジャンケン

法哲学を学んだことのある人であれば、いわゆる「**法令不遡及の原則**」という言葉を聞いたことがあると思います。平たく言えば、過去に遡及して法が適用されることを禁じるという原則のことで、これは日本国憲法の第39条をはじめとして、世界的に「法に関わる立場にある人」に共有化されている大前提と言えます。しかし実際のところはどうなのかというと、少なくともグレーゾーンに関して言えば、過去に遡及して有罪とされた例は枚挙に暇《いとま》がない。

例えばグレーゾーン金利に関する規定が典型例でしょう。

２０１０年に、それまで消費者金融の業界で慣行として用いられてきたグレーゾーン金利（利息制限法に定める上限金利は超えるが、出資法に定める上限金利には満たない金利）での貸し出しが、裁判所によって「事後的」に違法とされました。この裁判の結果、過去に遡及して過払い金利の返還を請求する訴訟が続発し、多くの消費者金融が破綻に追い込まれました。

シティグループは日本の消費者金融から撤退するとき、記者会見でいみじくも「ルールのない国でビジネスはできない」と述べましたが、全くその通りで、このときも「倫理が先、ルールが後」の順、つまり「後出しジャンケン」で告発されたわけです。

実定法主義では、明文化されたルールが意思決定の基準になるわけですが、ルールの整備は社会情勢の変化に引きずられるように、後追いで行われます。変化がそれほど早くない固定的な世界であれば、これはこれで問題にならないわけですが、今日のように変化が早い世の中では、ルールの整備が社会の変化に追いついていかないため、ルールのみに依存して意思決定していると、大きな倫理上の問題を起こす可能性があるわけです。

では、何を判断の拠り所にするのか？

もうおわかりでしょう。**システムの変化があまりに早く、明文化されたルールの整備がシステムの進化に追いつかない世界においては、自然法的な考え方が重要になってきます。**つまり内在化された「真・善・美」の基準に適っているかどうかを判断する力、つまり「美意識」ということになります。

「邪悪にならない」

そんな曖昧なものに頼るしかないのか、と感じられた方もいるかもしれません。しかし私に言わせれば、それはむしろ逆です。システムに引きずられる形で、いつ後出しジャンケン的に改定されるかわからない明文化されたルールよりも、自分の内側に確固として持っている「真・善・美」を判断する美意識の方が、よほど基準として間違いがありません。実際に、**好業績を継続的に上げている企業には、社是としてこのような「美意識」を掲げている企業が、少なくない。**

例えば、よく知られている通り、グーグルは社是に「邪悪にならない（=Don't be Evil)」という一文を掲げています。なぜこのような社是を掲げたのか？

文言がユニークなこともあり、この社是については様々な解釈や憶測が流れましたが、この一文を「グーグルの美意識」の表出だと考えてみるとわかりやすい。

グーグルが事業を展開している情報通信や人工知能の世界は極めて変化が激しい、つまりルールの整備がシステムの変化に対して後追いでなされるような世界です。このような領域において社会に大きな影響力を持つ事業を運営していこうとする場合、様々な意思決定を明文化されたルールのみに従って行っていたのでは、決定的な誤りを犯してしまう可能性があります。

では何を判断の軸にするべきか？

そこで出てきたのが、「正邪の側面から考えよう」という判断軸です。グーグルが「邪悪にならない」という社是を掲げているのは、カリフォルニアの青臭いカウンターカルチャーの残滓《ざんし》などでは全くありません。**システムの不安定な世界、人類が向き合ったことのない未曾有の選択を迫られるような事業環境において、決定的な倫理上の誤りを犯さないための、極めて戦略的で合理的な社是なのです。**

このような社是が、実際に経営上の意思決定に影響を与えたと思われるのが、グーグルによるディープマインドの買収です。

ディープマインドは、ニューラルネットの最新型である「ディープラーニング」を専門に開発する英国の新興企業です。一部メディアの報道によれば、ディープマインドはグーグルに吸収合併される交換条件として、ディープラーニングのように強力な人工知能技術が暴走したり悪用されたりしないよう、グーグル社内に「人工知能倫理委員会＝AI ethics board」なるものを設けるよう要求し、グーグルがこれを条件として飲んだと言われています。

この視座・見識の高さを先述した日本のネットベンチャーのそれとを比較してみれば、いかにも会社の哲学として「格が違う」と感じずにいられません。

「我が信条」

あるいは有名なジョンソン・エンド・ジョンソンの「我が信条」も、同様の「美意識」の表明だと考えることができます。

ジョンソン・エンド・ジョンソンの「我が信条」では、ステークホルダーを「患者や医師などの顧客」「社員」「地域社会」「株主」の順に整理した上で、各ステークホルダーに対して社が担う責任と役務が明確に記載されています。

注目すべきはその優先順位です。というのも、ジョンソン・エンド・ジョンソンは、明確に「患者や医師などの顧客」が最優先であり、以下「社員」「地域社会」「株主」という順になることを言明しているんですね。上場企業であるにもかかわらず、一般的には最優先される「株主」を、ステークホルダーの中で最も劣後させているわけです。

先述した旧ライブドア社長の堀江氏は、ニッポン放送に関連する騒動の最中に、しばしば「会社法上、会社は株主のものですから」と発言していますが、この、いかにも優等生らしい保守的なコメントと比較してみれば、「従業員を株主より優先する」と堂々と宣言しているジョンソン・エンド・ジョンソンの「我が信条」が、いかに先鋭的でアナーキーか、おわかりいただけると思います。

ジョンソン・エンド・ジョンソンの「我が信条」を作成したのは、1932年から1963年まで、31年間にわたって同社の社長を務めたロバート・ウッド・ジョンソンJrですが、彼はこの「我が信条」について「時代の変遷や社会の変化に伴って、内容は改変しても構わない。ただし、この優先順位だけは絶対に変えてはならない」という言葉を残しています。これはつまり「システムが変化したとしても、判断の立脚点は変わらない」と言っているわけで、まさに実定法主義とは真反対の考え方と言えます。

「病と闘っている患者と医者を最優先にする」というこの判断基準は、外部的に明文化されたルールではなく、ロバート・ウッド・ジョンソンJrの「真・善・美」の感覚、つまり「美意識」に根ざしているということです。

継続的に高い業績を上げ、社会の尊敬を勝ち得ている会社の少なくない割合が、ここに挙げたグーグルやジョンソン・エンド・ジョンソンと同様に、場合によっては「独善的」と言っていいほどの明確な社是や規範、理念を持っているということは、結局のところ、内在化された価値観や美意識が、大きな変化の中で判断を誤らないためのよすがになることを示しているように思います。

なぜ人間に美学とモラルが必要かといえば、一つには意外かもしれませんが、最終的に大変効率がいいからです。「効率がいい」というと語弊があるかもしれませんが、より高いところから、より大局を見て、一本筋が通っていると、大きな意味で効率がいいのです。

(中略)

あくまで正しいことをやっていく、考えていくことは、しばしば自己犠牲を強いられたり、禁欲的に何かを我慢したりとマイナスな面ばかりをとらえがちですが、長期的な目で見ればずっと効率がよく、最終的には自分にもプラスになります。

中西輝政『本質を見抜く「考え方」』

エリートを犯罪から守るための「美意識」

これまでの考察より、なぜエリートは「美意識」を鍛えるのか？　という問いに対して、**「それは犯罪を犯さないためだ」**という回答が浮上してきます。

一般に「エリート」という言葉を聞いて「犯罪」を連想する人は多くないでしょう。私たちは、エリートというと、清廉で高潔な人物をなんとなく想定してしまいがちです。しかし、実はエリートが身を持ち崩す大きな要因の一つが、「犯罪」なのだということを忘れてはなりません。昨今の日本企業でコンプライアンス違反を主導した経営幹部の多くは、有名大学を卒業して大企業に就職した典型的なエリートだったということを思い出してください。

なぜエリートはしばしば犯罪に手を染めるのか？　これには「動機」が作用していると考えられます。

ハーバード大学の行動心理学の教授で、私が勤務しているコーン・フェリー・ヘイグルー

プの創業者の一人でもあるデイビッド・マクレランドは、社会性動機を、

1. 達成動機＝設定したゴールを達成したいという動機
2. 親和動機＝人と仲良くしたいという動機
3. パワー動機＝多くの人に影響を与えたい、羨望を受けたいという動機

の三つに分類し、動機のプロファイルによって適する職業やポジションが変わることを発見しました。

ここで問題になるのが「**達成動機**」です。

コーン・フェリー・ヘイグループの分析によると、高い業績を上げる人材は、統計的に強い達成動機を持つことがわかっています。達成動機というのは「与えられた目標を達成したい」という欲求ですから、高い業績を上げた人物が強い達成動機を持っているというのは、とてもわかりやすい話ですね。

しかし、一方で問題もある。というのも「高すぎる達成動機」を持つ人は、「達成できない」という自分を許すことができないために、粉飾決算などのコンプライアンス違反を犯す

リスクが高いんですね。

これは大矛盾です。高い目標を掲げて、その達成に向けて限界まで努力するという態度は、褒められこそすれ非難されるべきものではありません。私たちの多くは、そのような態度を持つことを、ある種の「絶対善」として教育されてきてしまっています。

一方で、目標達成後により高い目標を掲げれば、いずれは限界が来ることになります。そのときに「ここが限界だ」と認めることができない人、つまり「強い達成動機を持つ人」は、そこでなんとかして目標を達成しようとして、法的・倫理的にギリギリなラインまで近接してしまう。この「粘り」が、彼らエリートを、エリートの立場に押し上げる原動力になったわけですが、その原動力が、やがて身の破滅を招く要因になってしまうわけです。

エンロンのジェフリー・スキリング

この点にこそ「**エリートにこそ美意識が必要である**」と考える理由があります。

高すぎる達成動機と犯罪という問題を考える際、真っ先に浮かび上がってくる人物がいます。かつてエンロンのＣＥＯを務め、１００億円以上にもなる年収を得ていたジェフリー・スキリングです。

スキリングは、ハーバード・ビジネス・スクールを卒業したのち、マッキンゼーに入社し、そこで史上最年少のパートナーに昇進します。やがて自分が担当していた顧客であるエンロンの創業者であるケネス・レイから請われ、エンロンのCEOに就任したわけですが、ご存知の通り、その後、エンロンは組織ぐるみの粉飾決算に手を染め、スキリングは実刑判決を受けることになります。

これは「達成動機の強い人」が描きがちな、典型的ジェットコースター型のキャリアと言えます。エンロン事件は金額のスケールがあまりにも大きかったこともあって、「稀有なエリートの凋落」という文脈で語られがちですが、こういうことは乱暴に言えば「**よくあること**」なんですね。

さて、興味深いのは、この裁判の過程でスキリング側が展開した抗弁です。わかりやすく言えば、「みんなやっていたことで、自分だけが告発されるのはおかしい」という内容なんですね。これはつまり、やっていることの倫理的な是非はともかく、法律や慣例（＝みんなやってる）に照らして自分の行為に脱法性はないと主張しているわけです。

しかしすでに指摘したように、このような実定法主義の考え方は、構造変化が激しく起きる社会においては、倫理的に許されない領域まで踏み込んでしまう可能性が高い。

ルールに照らしてみれば適法……というか、そもそも参照すべきルールがはっきりしない状況で、その一歩先まで踏み込むかどうか。ここで判断の拠り所になるのは、法学の言葉で言えば実定法主義に対置される自然法主義であり、わかりやすく言えば道徳や世界観といった個人の内面的な規範、つまり「美意識」ということになります。

「世界のエリートはなぜ美意識を鍛えるのか？」、その問いに対するわかりやすい答えがここで浮かび上がってきます。

大きな権力を持ち、他者の人生を左右する影響力を持つのがエリートです。そういう立場にある人物であるからこそ、「**美意識に基づいた自己規範**」を身につける必要がある。なぜなら、そのような影響力のある人物こそ、「法律的にはギリギリＯＫ」という一線とは別の、より普遍的なルールでもって自らの能力を制御しなければならないからです。

『イノベーションのジレンマ』の著者であるハーバード大学のクレイトン・クリステンセンは、２０１０年の同校卒業生に対して、先述したジェフリー・スキリングを含め、同窓生の何人かが犯罪を犯し、結果的に栄光に満ちた人生を棒に振ったという事実に触れながら「犯罪者にならないために」という題でスピーチを行っています。彼がその中で述べているアドバイスは「**人生を評価する自分なりのモノサシを持ちなさい**」というもので、筆者が言わんとしていることと基本的に同じことです。

なあマティ、もし現実が一つの物語だったとして、もしかしたら自分は正義の味方じゃなくって、悪玉なんじゃないかって考えたことないか?

映画『王立宇宙軍　オネアミスの翼』より、シロッグのセリフ

日本文化における「罪と恥」

ここまで、主にＤｅＮＡを題材としながら、システムが急激に変化する社会においては、明文化されたルールだけを拠り所にする実定法主義は危険であり、内在化された倫理や美意識を持つことが重要であること、さらにエリートは、その達成動機の高さゆえにしばしばグレーゾーンを踏み越えてしまう傾向があるため、なおさらそのような倫理や美意識を持つことが重要であることを指摘しました。

これはつまり「**悪とは何か**」「**罪とは何か**」**を内省的に考察するコンピテンシーが重要だ**

ということなんですが、この点に関連して「**日本人を善悪の規範で縛るのは難しい**」ということを、半世紀以上も前に指摘した人がいます。文化人類学者のルース・ベネディクトです。ベネディクトによる日本文化研究書である『菊と刀』は、世界的なベストセラーになった本ですが、この本はもともと、第二次世界大戦中に、アメリカが、敵国である日本の文化を研究し、その意思決定や行動様式のパターンを理解するために行われた研究が元になっています。

この本によれば、世界の国は「罪の文化」と「恥の文化」の二つに大別され、日本は「恥の文化」に類別されます。もちろんこの「恥の文化」は、ユダヤ・キリスト教文化という「罪の文化」と対比されています。

ベネディクトは『菊と刀』の中で次のように述べています。

> 諸文化の人類学的研究において重要なことは、恥に大きく頼る文化と、罪に大きく頼る文化とを区別することである。道徳の絶対的基準を説き、各人の良心の啓発に頼る社会は、〈罪の文化〉と定義することができる。

私はこれまでに、内発的な倫理観や美意識に従うことが大事だ、とさんざっぱら指摘した上で、日本のベンチャーとシリコンバレーのベンチャーとでは、なぜこうも「美意識」に違いがあるのかという問題提起をしました。ベネディクトのこの指摘は、米国が「罪の文化」であり、日本が「恥の文化」であることに、もしかしたら関係があるのかもしれません。

引用を続けます。

> 恥が主要な社会的強制力になっているところでは、たとえ告解僧に対して過ちを公にしたところで、ひとは苦しみの軽減を経験しない。

なるほど。つまり「罪」は救済できるけど「恥」は救済できないということです。これは考えてみれば恐ろしいことです。西洋の「罪の文化」では、告解によって罪は救済されることに、一応はなっています。

ちなみに、この習慣はキリスト教の伝統みたいに思われている節がありますが、告解がキリスト教徒に義務付けられたのは１２１５年のラテラノの公会議ですから、意外と最近のことなんですね。

この公会議で、信者は年に1回、セクシュアルなことも含めて、広場で自分のやった罪を周りに告白するという、とんでもない義務を負わせられたわけです。このような義務が精神文化に大きな影響を与えないわけがありません。日本の世界史教育では大きな事件として扱われることの少ないラテラノの公会議ですが、例えば思想家のミシェル・フーコーは「ヨーロッパ人の近代的自我の成立を促したという点で歴史的事件だ」と指摘しています。

ある会社の常識は、他の会社の非常識

さて、話を元に戻せば、この「罪の文化」に対して、ベネディクトは、「恥の文化」においては、たとえそれが悪行であっても、世間に知られないかぎり、心配する必要はない。したがって「恥の文化」では告解という習慣はない、と指摘しています。そう言われてみれば、確かにその通りです。

ベネディクトの指摘の上にそのまま考察を積み重ねれば、こういうことになります。つまり、日本人の生活においては「恥」が行動を規定する最大の軸になる。それはつまり、各人が自分の行動に対する世間の目を気にしているということです。

この場合、彼あるいは彼女は、**ただ「自分が所属している組織」において、他者が、自分**

の行動をどのように判断するかを想像しさえすればよく、他者が依拠しているルールや規範に沿って行動するのが賢明であり、さらには優秀であるということになります。

ということで、最後に彼女は、

日本人特有の問題は、彼らは、ある掟を守って行動しているとき、他人は必ずその自分の行動の微妙なニュアンスをわかってくれる、という安心感を頼りに生活するように育てられてきた、ということである。

とまとめています。

この指摘を読んで、幾つかの会社を渡り歩いてきた私が感じるのは「**ある会社の常識は、他の会社の非常識**」だということです。電通に勤めている人は電通でまかり通っている常識を「世間の常識」だと勘違いしていますし、BCGに勤めている人はBCGでまかり通っている常識をやはり「世間の常識」だと勘違いしている。つまり常識というのは非常に文脈依存性がある＝サイトスペシフィックだということです。

何度か転職をすれば、自分が所属していた会社＝世間での常識が、そこでしか通用しない常識だったのだという認識を持つことができるのですが、同じ会社にずっといるとそういう相対化は難しい。つまり、**会社という「狭い世間」の常識が、社会という「広い世間」の常識と異なるということに気づけない**わけです。

ここに「**世間の多層性**」という問題が出てくることになります。

ある会社の常識、ベネディクトの指摘を使えば「掟」がサイトスペシフィックであるということは、そこに盲目的に従うということが「広い世間の掟」に反することにもなりかねない。しかし、彼らあるいは彼女らは「狭い世間の掟」には従わざるを得ません。なぜなら「恥」は「罪」と違って救済されないからです。「**恥**」**はそのまま**「**狭い世間**」**＝会社からの心理的・物理的な追放を意味します**。それは「成果を出せない人」という評価を受けて窓際に送られること、同僚の社員から軽蔑の目で見られること、早期退職を勧奨されるということです。

救済されない「恥」への恐れから、「狭い世間の掟」に盲目的に従わざるを得ないために発生しているのがコンプライアンス違反だと考えれば、この問題を解決するための本質的な方策が浮かび上がるように思います。

世の中は「狭い世間の掟」に従って「広い世間の掟」を破った人を市中引き回しの上打ち

首にすることによって、「広い世間の掟」を守らせようとしていますが、個人個人にとっての利得はあくまで「狭い世間の掟」に従うか従わないかで決まっているのですから、これは筋が悪いアプローチと言わざるを得ない。

ベネディクトがすでに半世紀以上前に指摘した通り、私たちの国は社会全体がよって立つような道徳の軸を持っていないわけですから、どうしても行動を規定する軸足は「狭い世間の掟」にならざるを得ず、それが「恥の文化」を形成することになっています。

ではそういう社会において、どうやって「狭い世間の掟」を相対化し、その掟がおかしいと見抜く判断能力を身につけるか？　答えは二つあるように思います。

一つは、結局は**労働力の流動性を上げろ**、という結論になるのではないかと思います。**自分が所属している「狭い世間の掟」を見抜けるだけの異文化体験を持つ**、ということです。そういう体験を持った人が数多くなれば、「狭い世間の掟」が絶対化し、絶対化された掟による暴走を防げる可能性が高まります。

もう一つが、本書のテーマでもある「**美意識」を持つ**、ということになります。「美意識」でわかりにくければ、これを例えば英語にすればそれは「スタイル」ということになるでしょうし、フランス語にすればそれは「エスプリ」ということになる。本当の意味での「教養」と言ってもいいと思いますが、要するに**目の前でまかり通っているルールや評価基準を「相対化できる知性」を持つ**、ということが重要だということです。

「その通りだゴンザレス、いいかね若い諸君、私はこのまま惑星クリプトンへ帰るかも知れないからこのことだけは憶えておきたまえ、スーパーマンも人間も同じだが、大事なのはスタイルだ、自分のスタイルを守ることだ、どんなひどい状況に陥っても自分のスタイルを崩さなければ何とかやっていけるものだよ」

村上龍『悲しき熱帯』

第4章　脳科学と美意識

ソマティック・マーカー仮説

本書ではこれまで、意思決定における「論理と直感」「理性と感性」のバランスが重要だということを指摘してきましたが、同様のことを脳科学の知見から指摘しているのが、脳神経学者のアントニオ・ダマシオです。

ダマシオは、数理や言語といった「論理的で理性的」な脳機能が全く損傷されていないにもかかわらず、社会的な意思決定の能力を破滅的に欠いた患者を神経生理学者として数多く観察し、**適時・適正な意思決定には理性と情動の両方が必要であるとする仮説、いわゆるソマティック・マーカー仮説を唱えました。**

ソマティック・マーカー仮説に関するダマシオの研究は、意思決定の品質と美意識との関係を考察するにあたって大変重要な示唆を与えてくれるものだと思いますので、ダマシオがこの仮説を思い至った経緯も含めて、ここで紹介しておきたいと思います。

脳神経学者であるアントニオ・ダマシオのもとに、ある患者が紹介されます。エリオットと呼ばれるこの30代の男性は、脳腫瘍の手術を受けた後、なんら「論理的・理性的」な推論の能力が損なわれていないにもかかわらず、実生活上の意思決定に大きな困難を来し、破滅しつつありました。

ダマシオは、エリオットに対して、特に脳の前頭葉の働きを検査するための様々な神経心理学的テストを行いますが、知能指数をはじめとしてその結果はいずれも正常、というよりも非常に優秀であり、実生活上での意思決定の困難さを示唆するものはありませんでした。

ダマシオは戸惑い、困惑します。

これらの検査から、エリオットは正常な知性をもっていながら適切に決断することができない、とくにそれが個人的あるいは社会的な問題と関わっているとき決断できない人物であることがはっきりした。個人的、社会的領域における推論や意志決定の仕方は、物体や空間や数や言葉が関係する領域における推論方法や思考方法とはちがうということか？　それらは異なった神経系やプロセスに依存しているのだろうか？

アントニオ・R・ダマシオ『デカルトの誤り』

打開策が見出せないまま、一旦はこの問題から離れることにしたダマシオは、やがてエリオットが示していた「ある傾向」が、問題を解く鍵になるのではないかということに思い至ります。その「ある傾向」とは、**極端な感受性や情動の減退**です。

ダマシオは、エリオットがしばしば第三者のように超然とした態度で、自分の悲惨な境遇を、なんの感情も示さずに淡々と語るさまに接し続けるうち、やがてその異様さに気づきます。そしてまた、悲惨な事故や災害の写真を見ても感情的な反応がほとんどないこと、あるいは病気になる前は愛好していた音楽や絵画について、手術の後にはなんの感情も湧き上がらなくなってしまったことを知るに及び、社会的な意思決定の能力と情動には、いままで見過ごされてきた重大な繋がりがあるのではないか、という仮説を持つに至ります。

その後、この仮説を検証するために、エリオットと同様に脳の前頭前野を損傷した12人の患者について研究を重ねたところ、全てのケースにおいて「極端な情動の減退と意思決定障害」が等しく起きていることを突き止めました。この発見をもとにしてさらに考察を重ねた上で、ダマシオはソマティック・マーカー仮説を提唱しました。

意思決定における感情の重要性

あなたが、前提に対する費用便益分析のようなものを適用する前に、そして問題解決に向けて推論をはじめる前に、あるきわめて重要なことが起こる。たとえば、特定の反応オプションとの関連で悪い結果が頭に浮かぶと、いかにかすかであれ、あなたはある不快な〈直観的感情〉[gut feeling]を経験する。その感情は身体に関するものなので、私はこの現象に「〈ソマティック〉な状態」という専門語を付した（ソマ、すなわちsomaはギリシア語で「身体」を意味する）。そしてその感情は一つのイメージをマークするので、私はそれを〈マーカー〉と呼んだ。

アントニオ・R・ダマシオ『デカルトの誤り』

ソマティック・マーカー仮説によれば、情報に接触することで呼び起こされる感情や身体的反応（汗が出る、心臓がドキドキする、口が渇く等）が、脳の前頭前野腹内側部に影響を与えることで、目の前の情報について「良い」あるいは「悪い」の判断を助け、意思決定の効率を高めます。この仮説に従えば、これまで言われていた「意思決定はなるべく感情を排して理性的に行うべきだ」という常識は誤りであり、意思決定においてむしろ感情は積極的に取り入れられるべきだということになります。

ここで一点だけ注意しておきたいのですが、ダマシオは何も、意思決定において、論理的で理性的な推論や思考の能力は意味がない、と指摘しているわけではありません。

ダマシオによれば、私たちは無限にあるオプションの中から、まずはソマティック・マーカーによっていくつかの「あり得ないオプション」を排除し、残った数少ないオプションの中から、論理的・理性的な推論と思考によって最終案を選ぶ、というプロセスで意思決定を行っています。エリオットをはじめとした、前頭前野に損傷を負った人が、いつまで経っても意思決定できなくなってしまうのは、バッサリとオプションを絞り込むことができなくなってしまったからだ、というのがダマシオの仮説です。

ソマティック・マーカー仮説には多くの反論もあり、現時点では文字通り仮説の域を出るものではありません。しかし、ダマシオが彼の著書『デカルトの誤り』で報告している数多くの気の毒な症例は、私たちに、社会的な判断や意思決定というものがいかに複雑な営みであり、それを遂行するにあたって、私たちが実際に自分たちで認識するより、はるかに多くの要因について直感的な考察を行っていることを示唆しています。

マインドフルネスと美意識

さて、意思決定において情動が発するソマティック・マーカーが非常に重要だということになると、これをどのように扱えるかで意思決定の品質、ひいては「人生の品質」が変わることになります。エリオットがなんら論理的・理性的な推論・思考の能力が毀損されていないにもかかわらず、幸福な家庭生活とキャリアにおける成功を台無しにしたことを思い出してください。

ソマティック・マーカーを文字通り「体が発する信号」と考えれば、示された信号をどれだけ精密にキャッチできるか、というのが大きなポイントになってきます。

しかし、そんなことを言われても、「体や脳が発する信号をキャッチする」なんて、取りつく島がないように思われるかもしれません。でも、ご安心ください。身体が発するソマティック・マーカーを正確に感じ取る技術は、今日ものすごい勢いで方法論としてまとめられつつあり、様々なメディアやワークショップイベントで紹介されています。

そう、もうおわかりですね。いわゆる**マインドフルネス**がそうです。

すでにご存知の方が多いと思いますが、今日、多くの企業や教育機関において、マインドフルネスに関する取り組みが行われています。グーグルではマインドフルネスが最も人気の高い研修プログラムになっており、ウェイティングリストに数百人が並んでいると言われています。その他にもインテル、フェイスブック、リンクトイン、P&G、フォード、マッキンゼー、ゴールドマンサックスといった企業が、社員教育にマインドフルネスのプログラムを導入しています。

また、こういった企業以外にも、ハーバード、スタンフォード、UCバークレーなどのビジネススクールにおいても、マインドフルネスのプログラムが導入されています。

ここで、あまりなじみがない、という人のために、あらためて簡単にマインドフルネスについて説明しておきましょう。

マサチューセッツ大学医学大学院のジョン・カバット・ジン博士による定義では「評価や判断をすることなく、意図的に、いまこの瞬間に、注意を払うことで、浮かんでくる意識」ということになっています。

何やらよくわかったようなわからないような定義ですが、平たく言えば「**過去や未来に意識を奪われることなく、いまの、ただあるがままの状態、例えば自分の身体にどんな反応が起きているか、どのような感情が湧き上がっているかなどの、この瞬間に自分の内部で起きていることに、深く注意を払うこと**」ということになるかと思います。

このような営みが、身体が発する情動にまつわる信号＝ソマティック・マーカーを精密にキャッチする能力を向上させるであろうことは、容易に想像できます。

現在、多くの企業でマインドフルネスに関するトレーニングが行われていますが、これはセルフアウェアネス＝自己認識の重要性が認識されてきているからです。

ビジネスを率いるリーダーを育成する、というのがビジネススクールの目的ですが、では今日求められるリーダーの素養として、最も重要度の高いものはなんでしょうか？

コーン・フェリー・ヘイグループは、全世界で実施しているリーダーシップアセスメントの結果から、変化の激しい状況でも継続的に成果を出し続けるリーダーが共通して示すパーソナリティとして、この「**セルフアウェアネス＝自己認識**」**の能力が非常に高い**ということを発見しました。

セルフアウェアネスとはつまり、**自分の状況認識、自分の強みや弱み、自分の価値観や志向性など、自分の内側にあるものに気づく力のこと**です。

現在、多くの教育機関・研究機関でもセルフアウェアネスの重要性は高まっており、例えばスタンフォード・ビジネススクールでは、教授陣が構成する評議会において「これからのビジネスリーダーの素養として、最も重要な要素は何か」というテーマで議論したところ、満場一致で「それはセルフアウェアネスである」という結論に至っています。

セルフアウェアネスの向上に重要な部位

さて、ここであらためてソマティック・マーカー仮説の項で出てきたエリオットを思い出してください。エリオットは、論理的・理知的な情報処理の能力をなんら損なっていないにもかかわらず、家庭生活においても仕事生活においても、適時・適切に意思決定する能力を失い、破滅してしまいました。

ダマシオの仮説によれば、エリオットは、脳の前頭前野の大部分を除去した結果、体の発する微細だが重要な兆候＝ソマティック・マーカーをキャッチすることができなくなり、適時・適切な意思決定ができなくなりました。

そしていま、世界で最も難易度の高い問題に取り組む人たちにとって、最も重要な資質は「セルフアウェアネス」であると考えられており、この「セルフアウェアネス」を高めるためのトレーニングとして、瞑想を中心としたマインドフルネスへの取り組みが世界中で進んでいるのです。

具体的には、マインドフルネスの中心的な取り組みとなる瞑想によって、こめかみの内側の島皮質《とうひしつ》という部分と、前頭前野、つまりひたいの出っ張ったところの皮質の厚みが増すことがわかっています。このうち、島皮質は、体で起きた感覚をキャッチし、その信号を脳の適切な部位にリレーする機能があることから、セルフアウェアネスの向上にとって重要な部位であることが示唆されます。

一方で、前頭前野については、どうも「美を感じる役割」を担っているらしいことが、近年の脳研究からわかってきています。

英ロンドン大神経生物学研究所の石津智大研究員＝神経美学のチームが、「美しさ」に反応する脳の動きを探るため、人種や宗教の異なる22～34歳の健康な男女21人を対象に、機能的磁気共鳴画像装置（ｆＭＲＩ）を使った実験を実施したところ、人が「美しい」と感じたときには、前頭葉の一部にある「内側眼窩前頭皮質」と呼ばれる領域で、血液量が増加することが確認されました。そして、この部位はまた同時に、自分の意識や注意をどこに向け、どのようにコントロールするか、つまり意思決定の中枢に関わっていることがわかっています。

エリオットは、手術によって脳の前頭前野を失った結果、個人的・社会的な意思決定の能力を喪失すると同時に、音楽や絵画に感動するという力、つまり「美意識」を失ってしまいました。

複雑な状況において適時・適切に意思決定を行う能力は、高度に論理的・理性的なスキルの巧拙にかかっている、というのがこれまでの通説でした。しかし、ダマシオのソマティック・マーカーに関する仮説以降、これまでに筆者が紹介してきた様々な知見を組み合わせれば、そのような状況における**高度な意思決定の能力は、はるかに直感的・感性的なものであり、絵画や音楽を「美しいと感じる」のと同じように、私たちは意思決定している**のかもしれないということがわかります。

この仮説がもし正しいのだとすれば、絵画を鑑賞したり音楽を聴いたりして「美意識」を鍛えているエリートたちは、まことに「スジの良い」ことをやっていると思わざるを得ません。

第5章　受験エリートと美意識

「偏差値は高いが美意識は低い」という人たち

さて、本書の主題をなす「エリート」と「美意識」について考察する際、どうしても避けて通ることのできない題材があります。オウム真理教です。

というのも、これほどまでに**「偏差値は高いが美意識は低い」という、今日の日本のエリート組織が抱えやすい「闇」を、わかりやすい形で示している例はない**と思うからです。

オウム真理教という宗教集団の特徴の一つとして、幹部が極めて高学歴の人間によって占められていた、という点が挙げられます。有罪判決を受けたオウム真理教幹部のリストを並べてみると、東大医学部を筆頭に、おそらく平均の偏差値が70を超えるのではないかというくらい、高学歴の人物を幹部に据えていたことがわかります。

地下鉄サリン事件が世間を震撼させたとき、これらの名だたる有名大学を卒業したエリートたちが、なぜあのように邪悪で愚かな営みに手を染めたのか、ということがしきりにワイドショーなどで騒がれました。しかし私は、当初からこの問いの立て方はポイントを外していると思っていました。

ワイドショーのコメンテーターに言わせれば、オウムの幹部連中は、受験エリートである

「にもかかわらず」、愚かで邪悪な宗教に帰依した、つまり二つの事実を整合性の取れないものとして逆接でつないだわけですが、私は逆に、彼らがまさに受験エリートである「からこそ」、オウム真理教に帰依していったのだろうと思っていました。

その理由は、オウム真理教が提唱していた奇妙な位階システムにあります。オウム真理教では、修行のステージが、小乗から大乗、大乗から金剛乗へと上がっていくという非常に単純でわかりやすい階層を提示した上で、教祖の主張する修行を行えば、あっという間に階層を上りきって解脱することができる、と語られていました。

これはまさに、オウム真理教に帰依していった受験エリートたちが、かつて塾で言われていたのと同じことです。オウム真理教幹部の多くが、事件の後になんらかの手記や回想録を著しています。これらを読むと、彼らのほとんどが、大学を出た後に社会に出たものの、世の中の理不尽さや不条理さに傷つき、憤り、絶望して、オウム真理教に傾斜していったことがわかります。

おそらく彼らにとって、受験というのは決して一般に言われるような辛くて苦しいものではなかったのでしょう。勉強すればするだけ偏差値が上がり、そして偏差値によって階層が決まるというわかりやすいシステムは、彼らにとってとても心地よいものだったはずです。

ところが、そういう「わかりやすさ」「見通しの良さ」は、実際の社会にはありません。努力しても報われない人がいる一方、単に運が良かったというだけで大きな富と名声を手にする人もいる。それどころか、道徳的にはギリギリのところを歩きながら、半ば詐欺のようなビジネスをやって享楽的な生活を送っている人も少なくない。

彼らの多くは、こういった日本社会の現状に幻滅し、そこから半ば逃避するようなかたちで、かつて彼らが心地よいと感じたわかりやすい位階システムの社会として、オウム真理教へと傾斜していったと思われます。

このようなわかりやすい位階システム、つまり強く「サイエンス」が支配している組織において、どのように「アート」が取り扱われていたのか。オウム真理教における「アート」について、小説家の宮内勝典《かつすけ》氏は著書『善悪の彼岸へ』の中で、次のように指摘しています。

オウム・シスターズの舞いを見たとき、あまりの下手さに驚いた。素人以下のレベルだった。呆気にとられながら、これは笑って見過ごせない大切なことだ、という気がしてならなかった。オウムの記者会見のとき、背後に映しだされるマンダラがあまりにも稚拙すぎることが、無意識のままずっと心にひっかかっていたからだ。(中略)

麻原彰晃の著作、オウム真理教のメディア表現に通底している特徴を端的に言えば、「美」がないということに尽きるだろう。出家者たちの集う僧院であるはずのサティアンが、美意識などかけらもない工場のような建物であったことを思いだして欲しい。

宮内勝典『善悪の彼岸へ』

宮内氏は、極端な「**美意識の欠如**」と並んで、オウム真理教という組織が持つもう一つの特徴として「**極端なシステム志向**」を指摘します。

小乗、大乗、金剛乗といった階層性が強調されるばかりで、アンダーラインを引いて受験勉強でもするような、きわめてシステマティックな教義である。その通りに修行すれば、高みへいける、一種の超人になれるという、通信教育のハウツー・ブックのようだ。

（中略）

偏差値教育しか受けてこなかった世代は、あれほど美意識や心性の欠落した麻原の本を読んで、なんら違和感もなく、階層性ばかりを強調する一見論理的な教義に同調してしまったのだ。後にオウムの信者たちと語りあって、かれらがまったくと言っていいほど文学書に親しんでいなかったことに気づかされた。かれらは「美」を知らない。仏教のなかに鳴り響いている音色を聴きとることができない。言葉の微妙なニュアンスを汲みとり、真贋を見ぬいていく能力も、洞察力もなかった。

宮内氏のこれらの指摘をまとめれば、オウム真理教という組織の特徴は、「極端な美意識の欠如」と「極端な階層性」ということになります。これを本書の枠組みで説明すれば、アートとサイエンスのバランスが、極端にサイエンス側に振れた組織であったと言い換えることができます。

情緒や感性を育む機会を与えられず、受験勉強に勝ち残った偏差値エリートたち。彼らは、いわば「極端に単純化された階層性への適応者」でした。極端に単純化されたシステムの中であれば、安心して輝いていられる人たち。しかし、**実際の社会は不条理と不合理に満ちており、そこでは「清濁併せ呑む」バランス感覚が必要になります。**彼らはそのような社会にうまく適応できず、オウム真理教へと傾斜し、やがて外界をマーヤー（幻）として消去させようとしました。

高い志にもかかわらず、自分でも嫌っている殺戮《さつりく》と惨禍をひき起こすのは、いつでもこういう純粋な信念の人、宗教的で夢中になる人、世界を変革し改善しようとする人であろう。

シュテファン・ツヴァイク『ジョゼフ・フーシェ』

なぜエリートは「オウム的システム」を好むのか？

さて、ここまで、オウム真理教という、かつて日本を震撼させた新興宗教集団の特徴について考察してきましたが、読者のみなさんは、なぜビジネスとは全く関係のないカルト教団の話をしているんだろう？　と思われたかもしれません。

しかし、私は、宮内氏が指摘した「美意識の欠如」と「極端なシステム志向」というオウム真理教という組織の特徴が、ある種の組織と非常に類似している点に以前から引っかかっていました。

「業界の特性」ということで引っ括められると迷惑だという反論もあるかと思いますが、あえて名指しで、オウム真理教と類似していると筆者が感じる二つの業界を挙げるとすれば、それは**戦略系コンサルティング業界と新興ベンチャー業界**ということになります。

私が電通を退職して米国の戦略系コンサルティングの会社に転職したのは2002年のことです。オウム真理教が地下鉄サリン事件を起こしたのは1995年のことで、私はこの事件をきっかけにしてカルト教団に興味を持ち、研究をするようになったのですが、2002年に戦略コンサルティングの会社に転職し、昇進や評価のシステムに関する説明を入社時研修で受けた際に、すぐに「この組織はオウムの仕組みとそっくりだな」と感じたことを、よく覚えています。

いくつかの具体例を挙げて説明してみましょう。

例えば、**極端に階層的でシステマティック**である、という側面です。通常の企業ではだいたい8〜9程度の等級が設定されていることが多いのですが、コンサルティング会社には基本的に4階層しかありません。新卒で入るとアナリストになり、やがて中堅のアソシエイトへと昇格し、その中のごく一部がさらにマネジャーへと昇進し、さらに選び抜かれた人が最終的にはパートナーになるという、極めてシンプルな仕組みです。

最近では様々な組織で「多様性」が大きなテーマになり、その要請を受けて複数のキャリアのハシゴを用意する、いわゆる「複線型人事等級制度」の導入が進んでいますが、戦略コンサルティングの業界というのはその真逆で、極めて単線的かつ階層の明確な等級制度になっているわけです。

その階層性の明確さがはっきりと表れているのが報酬制度です。ざっくりとまとめれば、戦略系コンサルティング会社での報酬水準は、一階層上がるごとに倍になります。つまり新卒を1にすれば、中堅は2、マネジャーは4、パートナーが8ということになります。

一般的な企業の昇給水準が数%程度であることを考えると、各ステップに１００%の階差があるというのはちょっと驚きですが、これも階層性を明確にするための一つの要因となっています。

そしてさらに、ここが非常に重要なポイントなのですが、「**何ができれば階層を上がれるか、どうすれば上がれるか**」が非常に明確です。昇進の条件は極めてメカニカルなもので、人望や見識といった情緒的な側面はほとんど含まれません。具体的な説明は守秘義務があるので割愛しますが、大まかに説明すれば、コンサルティングに求められる全般的なスキルの項目に対して、どれくらいの充足度があるかによって判定されるという考え方で、一言で言えば「生産性」だけが問われ、人望や美意識は問われない、ということです。

こういったわかりやすい階層性、どうすれば上に行けるのかが明確なシステムは、前述したオウム真理教の仕組みと非常に類似しているんですね。

オウム真理教の教祖だった麻原彰晃が、弟子に対して語った講話の記録が残っているのですが、これを読んでみると非常に興味深い。というのも、麻原はことあるごとに「小乗、大乗、金剛乗」の3ステージを示し、どのような修行をすればこのステージを駆け上がっていけるかを繰り返し帰依者に訴えているのですが、これはコンサルティングファームの上級役員の語り口と非常に似ているんですね。

システムへの適応力

同様のわかりやすさは新興ベンチャー企業においても見られます。そこで問われるのは見識や人望ではなく「**早く結果を出すこと**」でしかありません。

以前、ＤｅＮＡが主催した投資家向けの説明会に参加させてもらったことがあるのですが、事業の起案や投資に関する意思決定は徹頭徹尾、経済的な側面に基づいており、事業の意義やビジョンについては「それが経済的利益に結びつくと考えられる際には作成されるだけで、別に必要ない」とのコメントに慄然とさせられたことがあります。

システムとしてわかりやすいと言えば、これ以上にわかりやすい仕組みはないわけで、とにかく結果さえ出せれば、大手企業に勤めている人が数十年かけて上るようなキャリアの階段を、数年で一挙に駆け上がって高額の報酬を得ることができる仕組みになっているわけです。

さらに指摘すれば、一見すると人材の交流があまりないように思われる「戦略コンサルティング業界」と「新興ベンチャー業界」ですが、昨今では「新卒で戦略コンサルティング会社に入り、途中から新興ベンチャー企業に転職する」というのは一つのキャリアパターンになりつつあります。

前章で事例をとりあげたDeNAの創業メンバーのほとんどが、戦略コンサルティング会社の出身者であったことを思い返せば、これらの業界に集まる人たちに共通する「思考の様式」がおわかりいただけると思います。その思考様式とはつまり「社会というシステムの是非を問わず、そのシステムの中で高い得点を取ることだけにしか興味がない」という考え方です。

ここにこそ「エリートこそ美意識を鍛えるべきである」というアイデアの根幹につながる問題があります。エリートというのはシステムに対して最高度の適応力を持っている人たちです。この「システムへの適応力」こそが、彼らをエリートたらしめているわけですが、ここに問題がある。**「システムに良く適応する」ということと「より良い生を営む」というのは、全く違うこと**だからです。

多くのエリートは、システムに適応し、より早く組織の階段を駆け上がって、高い地位と年収を手にすることを「より良い人生」だと考えています。しかし、達成動機の問題について触れた際にも指摘した通り、そのような志向の行き着く先には、多くの場合、破綻が待ち受けていることになります。

わかりやすいシステムを一種のゲームとして与えられ、それを上手にこなせばどんどん年収も地位も上がっていくというとき、システムに適応し、言うなればハムスターのようにカラカラとシステムの歯車を回している自分を、より高い次元から俯瞰的に眺める。そのようなメタ認知の能力を獲得し、自分の「有り様」について、システム内の評価とは別のモノサシで評価するためにも「美意識」が求められる、ということです。

現代において、トランスサイエンスのような定義、つまり科学万能主義に対するオルタナティブを見つける必要性が、60年代よりも強まっていると思います。科学でなければ、何が答えを準備してくれるかを明言することは難しいですが、その答えのひとつとしてあるのは「倫理」でしょう。人間が何をすべきか、何をなすべきでないかの線引きは、科学では用意できません。

村上陽一郎（科学哲学者）「WIRED 2017 Spring」

コンピテンシーとしての「美意識」を鍛える

コンピテンシーとはもともと、筆者が勤務するコーン・フェリー・ヘイグループの創業期に、数々の組織開発・人材育成のコンセプトを生み出したハーバードの行動心理学教授、デイビッド・マクレランドが生み出したコンセプトです。

筆者が勤務しているコーン・フェリー・ヘイグループは40年以上にわたって、世界中の企業や非営利組織において類い稀な実績を残した人を多面的に観察・分析し、業種・職種を問わずに共通して観察される行動や思考のパターンを整理して、これをコンピテンシーと名付けました。現在ではおよそ20程度のコンピテンシーがあることがわかっていますが、この中の一つの項目に「**誠実性**」というものがあります。

コンピテンシーは観察から帰納的に抽出された概念です。従って、コンピテンシーの項目に「誠実性」が含まれるということは、多くの類い稀な業績を挙げた人が、このコンピテンシーを高い水準で発揮している、ということです。

では「誠実性」とは、どのようなコンピテンシーなのでしょうか。おそらく、多くの人は「誠実性」と聞くと「ルールや規則に実直に従う」といったイメージを思い浮かべるでしょう。とくに、コンプライアンス違反が続発している昨今の日本の状況を知っていれば、なおさらそう思うかもしれません。

コンピテンシーには発揮のレベルがあります。「誠実性」に関して言えば、与えられた規則やルールに実直に従うというのは、低レベルの発揮でしかありません。では、高いレベルで「誠実性」のコンピテンシーを発揮しているというのはどういう状況を言うのでしょうか?

「誠実性」のコンピテンシーを高い水準で発揮している人は、**外部から与えられたルールや規則ではなく、自分の中にある基準に照らして、難しい判断をしています。**この基準が長期にわたってブレない、一種の判断軸になっているわけです。そういった行動や思考を発揮している人は、「誠実性」のコンピテンシーを高い水準で発揮している、と言うことができます。

「誠実さ」という言葉には二面性があります。一般に、日本人の多くは、自分が所属する社会や組織において共有されているルールや規範に対して実直に従うことを「誠実さ」だと考える傾向があります。しかし、もしその社会や組織において共有されているルールや規範が、倫理的に間違っているとしたらどうなるのでしょうか？

このようなことは過去の歴史上に何度も起きています。例えば、三菱自動車は１９７７年から２０００年の20年以上にわたって、計10車種、合計で69万台のリコールにつながる可能性がある不具合情報を隠していました。

このリコール隠しによる対処の遅れから、走行中のトラックから脱落したタイヤが歩道を歩いている親子連れを直撃し、当時29歳の母親が死亡、その子供たちも負傷するという悲痛な事件を起こしています。

このリコール隠しの発覚により、同社は深刻な経営危機に陥るわけですが、筆者にとって不可解なのは、なぜ20年以上にわたって、このような大規模なリコール隠しが可能だったのか、という点です。重大な事故につながりかねない不具合を隠す、あるいは実際に重大な事故が起こった後も、それを隠し続けるということを、数千人単位の組織でやり続けることができた、ということは一つの必然的な帰結をもたらします。

それは、これらの非倫理的な営みに携わっていた人たちにとって、「誠実さ」とは、自分が所属する組織の規範・ルールに従うことであり、社会的な規範あるいは自分の中の規範に従うことではなかった、ということです。

あるいはナチスドイツにおけるアドルフ・アイヒマンもそうでしょう。

アイヒマンは、ナチスドイツにおけるユダヤ人虐殺において、数百万人に上ると言われるユダヤ人を逮捕し、勾留し、移送し、処理するための効率的なシステムを作るにあたって主導的な役割を果たしました。アイヒマンは、戦後、アルゼンチンで逃亡生活を送っていたところを、イスラエルの工作員に拿捕《だほ》されてイスラエルに連行され、最終的にそこで絞首刑になっています。

この裁判において、アイヒマンは度々、「自分は命令に従っただけだ」という抗弁を繰り返しました。ユダヤ人虐殺をするための仕組みを構築し、それを運営したのは、単に所属する組織の規則や命令に従ったまでで、自らの意思としてこれをやったわけではない、というわけです。この論理に拠って、アイヒマンは徹底して無罪を主張しました。

結局は前述した通り、絞首刑に処されるわけですが、「組織の命令に従っただけ」というアイヒマンの抗弁に対して、ひとかど以上の共感を覚える日本の組織人は少なくないのではないでしょうか。

両者はともに、所属する組織や社会のルールや命令に従った結果、悪をなすに至ったという点で共通しています。「誠実さ」という概念を、所属する組織や社会のルールや命令に実直に従うことだ、と解釈した場合、両者はともに、その「誠実さ」ゆえに罪を犯し、身の破滅を招いたわけです。

どうでしょう、このように考えてみると、絶対善と考えられる「誠実さ」という概念は、その拠り所となる規範次第によっては極め付きの犯罪行為を駆動させる動力源にもなりうるのだということがわかります。

我々は、この「誠実さ」というものとどのように向き合ったらよいのでしょうか？

「悪とは、システムを無批判に受け入れること」

この問題を考えるにあたって、哲学者のハンナ・アーレントの主張を紐解いてみましょう。

ハンナ・アーレントはアイヒマン裁判を傍聴し、その模様を『イェルサレムのアイヒマン』という直截《ちょくせつ》な題名の本で著しているのですが、ポイントはその副題です。と言うのも、興味深いことに、アーレントはこの本の副題に「悪の陳腐さについての報告」と記しているんですね。

「**悪の陳腐さ**」とは、奇妙な言いまわしだと思いませんか？　と言うのも、「悪」というのは、普通ではないこと、「善」の反対ということですよね。統計的な言い方をすれば、「悪」も「善」もともに正規分布でいう最大値、最小値の「端っこ」に位置付けられます。

しかし、アーレントはここで「陳腐」という言葉を用いている。「陳腐」というのは、つまり「ありふれていてつまらない」ということですから、正規分布の概念を当てはめればこれは最頻値ということになり、我々が一般的に考える「悪」の位置付けとは大きく異なることになります。

アーレントがここで意図しているのは、われわれが「悪」について持つ「普通ではない、何か特別なもの」という認識に対する揺さぶりです。

アーレントは、アイヒマンが、ユダヤ民族に対する憤怒の憎悪や欧州大陸に対する激烈な攻撃心といったものではなく、ただ純粋にナチス党で出世するために、与えられた任務を一生懸命にこなそうとして、この恐るべき犯罪を犯すに至った経緯を傍聴し、最終的にこのようにまとめています。

曰く「**悪とは、システムを無批判に受け入れることである**」と。そしてアーレントは、

「陳腐」という言葉を用いて、この「システムを無批判に受け入れるという悪」は、我々の誰もが犯すことになってもおかしくないのだ、という警鐘を鳴らしています。

別の言い方をすれば、通常、「悪」というのはそれを意図する主体によって能動的になされるものだと考えられていますが、アーレントはむしろ、それを意図することなく受動的になされる、そうするつもりなど毛頭なかったにもかかわらず、システムを受け入れたことで結果的に「悪」を犯すことになったのだ、と指摘しているわけです。

アーレントが指摘するように、「悪」というものが、システムを受け入れ、それに実直に従おうとする「誠実さ」によって引き起こされるのだとすれば、私たちは「悪」に手を染めないために、どうすればいいのか？

結論は明らかです。**「システムを相対化すること」**しかありません。自分なりの「美意識」を持ち、その美意識に照らしてシステムを批判的に見ることでしか、私たちは「悪」から遠ざかるすべはないのです。一方で、システムから排除されてしまえば、社会的な成功を収めることは難しい。ここに私たちが向き合っている大変難しい問題があります。

「システムを批判的に対象化する」ということは、そのまま「システムを全否定する」ことを意味するわけではありません。過去の歴史において、システムを全否定し、それに代わる新しいシステムへリプレースしようという運動は、それこそ星の数ほど限りなく行われてきました。先述したオウム真理教もまた、そのような運動の一つと考えることができますし、他にも、例えば日本赤軍による一連のテロ行為や、ヒッピームーブメントもまた、そのような運動の亜種と考えることもできるでしょう。

しかし、では、そういった運動の成果はどのようなものであったかというと、結局は何も変えることができなかった。なぜ、そういうことになってしまったのかというと、これらの「システムを全否定する」という考え方が、結局のところ「ダメなシステム＝A」を、他の「ダメなシステム＝B」に切り替えようとするだけのものでしかなかったからです。

重要なのは、システムの要求に適合しながら、システムを批判的に見る、ということです。なぜこれが重要かというと、**システムを修正できるのはシステムに適応している人だけ**だからです。かつてシステムを全否定し、これをリプレースしようとした人たちは、おしなべて「システムから否定された人」たちでした。システムから否定された人たちが、自分たちを否定したシステムをリプレースしようとしていたわけですから、当然ながら「システムの修正」など、できるわけがありません。

ここまでくればもうわかりますね、そう、システムに適応している人たちというのはつまり、いわゆるエリートです。**最適化していることで、様々な便益を与えてくれるシステムを、その便益に拐《かどわ》かされずに、批判的に相対化する。**これがまさに、21世紀を生きるエリートに求められている知的態度なのだ、ということです。

> アイヒマンは組織人間《オーガニゼーション・マン》の象徴であり、男や女や子供を番号として見る疎外された官僚の象徴である。彼は私たちすべての象徴である。私たちは自分の中にアイヒマンを見ることができる。しかし、彼の最も恐るべき点は、自白によってすべてを語ったのちでも、心から無罪を信じて、それを主張しえたことである。再び同じ状況になれば、彼がまた同じことをすることは、明らかである。私たちもするだろう――現にしている。
>
> エーリッヒ・フロム『反抗と自由』

第6章　美のモノサシ

鍵は「基準の内部化」

ここまで、グローバル企業が「美意識」の養成を重要視し始めている理由として、

1. 論理的情報処理スキルの限界
2. 自己実現欲求市場の登場
3. システムの変化にルールが追いつかない世界

という三つの要因を紹介してきました。そして、これらの変化が進行する中で、エリートとして適切な意思決定を行っていくためには、自分なりの「真・善・美」に関する基準、つまり本書で定義するところの「美意識」を高める必要があるということもまた、繰り返し指摘しました。

感度の鋭い方はすでにお気づきだと思いますが、これは端的に**リーダーシップの問題**だということになります。なぜならば、何が「真・善・美」に適うのかを判断するに際して、「客観的な外部のモノサシ」に頼って右往左往することなく、自分の立ち位置をしっかりと

見定めた上で、「主観的な内部のモノサシ」に従って意思決定することが必要になるからです。

ここでは「真・善・美」の三つについて、それぞれに「客観的な外部のモノサシ」と「主観的な内部のモノサシ」を対比して考察してみましょう。

まず「真」について考えてみます。

現代の社会において「何が真なのか」が検討される際、最も普遍的に用いられている手法は論理思考です。将来において組織のリーダーとなることを期待されているエリート、あるいはエリートでありたいと考える人たちの多くが、演繹や帰納に代表される論理思考のスキルを身につけるために努力をしています。

一方で、すでに指摘したように、現在の社会はVUCAになってきており、論理的な推論だけに頼って意思決定をすることは、対象となる問題が大きくなればなるほど、問題を構成する因子の数が増え、難しくなります。

このとき、論理的な推論については最善の努力をしつつも、どこかでそれを断ち切り、個人の直感に基づいた意思決定を適宜行っていかなければ、組織の運営は「分析麻痺」という状況に陥ることになります。

そして、この転換、すなわち「論理から直感」という転換は、意思決定基準を「外部から内部」へと転換することに他なりません。

次に「真・善・美」における「善」について考えてみましょう。

善悪の判断において、最も普遍的に用いられている基準は、当然ながら「法律」ということになります。しかし、すでに本書において何度も指摘した通り、情報通信技術や人工知能の急速な進化により、今日、様々な領域において「システムの変化に対して、法整備が追いつかない」という状況が発生しています。

なんらかの局面において意思決定をする際、その決定に道徳的に問題がないかどうかを判断するためには、現実的には法律に照らして「違法か適法かを判断する」ということになるわけですが、それができない状況が発生しているわけです。

もちろん、システムの変化を駆動させているのは競争ですから、法の整備を待って意思決定するというわけにもいきません。必然的な帰結として、法律的にシロクロのはっきりしていない領域において、意思決定をせざるを得ないという状況にリーダーは直面するわけで、そのような状況においては、内部的な「善」の規範に則って意思決定をするしかありません。つまり「法律という外部規範」から「道徳や倫理という内部規範」への転換が必要だということです。

最後に「真・善・美」における「美」について考えてみます。

これまでの企業組織において「何が美か」に関する意思決定について、**最も大きな発言権を持っていたのはＣＥＯでもデザイナーでもなく「顧客」だった、**ということになります。

私は戦略コンサルタントとして、数多くのメーカーの製品開発に携わりましたが、デザイン決定のプロセスにおいて、個人の「美的センス」よりも、マーケティング調査におけるデザイン評価が、より重要視されるという点においては、自動車会社も家電メーカーも飲料メーカーも大同小異で違いはほとんどありません。

市場が国内に限定されているのであれば、それはそれで構わないと考えることもできるわけですが、先述した通り、いま出現しつつあるのは「全地球的な自己実現欲求の市場」です。このような市場において、市場調査という「外部」に「美の判断」を委ねることは本当に競争力につながるのでしょうか？

この問題について、デザイナーの原研哉は、次のように鋭く指摘しています。

センスの悪い国で精密なマーケティングをやればセンスの悪い商品が作られ、その国ではよく売れる。センスのいい国でマーケティングを行えば、センスのいい商品が作られ、その国ではよく売れる。商品の流通がグローバルにならなければこれで問題はないが、センスの悪い国にセンスのいい国の商品が入ってきた場合、センスの悪い国の人々は入ってきた商品に触発されて目覚め、よそから来た商品に欲望を抱くだろう。しかしこの逆は起こらない。（中略）ここに大局を見るてがかりがあると僕は思う。つまり問題は、いかに精密にマーケティングを行うかということではない。その企業が対象としている市場の欲望の水準をいかに高水準に保つかということを同時に意識し、ここに戦略を持たないと、グローバルに見てその企業の商品が優位に展開することはない。

原研哉『デザインのデザイン』

原研哉がここで指摘しているのは、「市場に対する目線」の問題です。

これまでの日本企業のほとんどは、市場を「主人」として、いわば「おもねる目線」で見ていたのに対して、原研哉は、グローバルな競争力を保つためには、市場を教育する対象として、いわば「上から目線」で見ることが必要だと言っているわけです。

では、教育する立場である企業側のよって立つ「美の判断基準」は何か？

それは「自らの美意識」でしかありません。ここでもまた、**「市場」という外部から、自分の美意識という内部への、判断基準の転換が求められている**ということです。

主観的な内部のモノサシ

以上、ここまで、経営における「真・善・美」の三つの判断について、これまで長いこと普遍的な基準とされてきた「論理」（＝「真」の判断）や「法律」（＝「善」の判断）や「市場調査」（＝「美」の判断）といった「客観的な外部のモノサシ」から、「真・善・美」のそれぞれについて、「真」については「直感」、「善」については「倫理・道徳」、「美」については「審美感性」という「主観的な内部のモノサシ」への比重の転換が図られていることを説明しました。

そしてこの指摘は、そのまま本書の主題である「世界のエリートはなぜ美意識を鍛えるのか？」という問いへの回答でもあります。

論理思考の普及による「正解のコモディティ化」や「差別化の消失」、あるいは「全地球規模の自己実現欲求市場の誕生」や「システムの変化にルールの整備が追いつかない社会」といった、現在の世界で進行しつつある大きな変化により、これまでの世界で有効に機能してきた「客観的な外部のモノサシ」が、むしろ経営のパフォーマンスを阻害する要因になってきています。

世界のエリートが必死になって美意識を高めるための取り組みを行っているのは、このような世界において**「より高品質の意思決定」を行うために「主観的な内部のモノサシ」を持つため**だということです。

さて、では「真・善・美」の判断について、具体的にはどのようにして「主観的な内部のモノサシ」を活用していけばいいのか？

すでに本書においては、「直感」についてはアップルにおけるｉＭａｃの事例を、「倫理」についてはグーグルにおける人工知能の活用を律する倫理委員会の事例を紹介しました。

次節では、特に「真・善・美」における「美」の判断について、これまで普遍的に用いられてきた「客観的な外部のモノサシ」から「主観的な内部のモノサシ」への転換により、大きく経営のパフォーマンスを高めることに成功した企業の事例について考察してみましょう。

我が国の自動車メーカー、マツダの事例です。

「美意識」を前面に出して成功したマツダの戦略

ここ数年でマツダのイメージが大きく変わったと感じている読者も少なくないでしょう。これまで、日本車といえば「品質」と「燃費」に優れている一方で、デザインやスタイルについては、贔屓目で見ても準Ａクラスという状況が、長いこと続いていたわけですが、現在のマツダは、日本の自動車史上において初めて、世界水準でトップクラスのデザイン力を持つに至ったと言えます。

まずは、ここ数年のマツダの業績を、いくつかの側面から確認しておきましょう。

幕開けとなったのは２０１２年２月に発売されたＣＸ‐５です。このＣＸ‐５では、「走る喜び」と「優れた環境・安全性能」の両立を狙うスカイアクティブ技術が全面的に採用されているのですが、ここで注目したいのは、同車に採用された「魂動《こどう》」という統合的なデザインテーマについてです。

２０１２年のＣＸ‐５以降、２０１５年のロードスターまで、これまでに全６車種を市場導入しています。そして、これらの車種群は、すべて先述した「魂動」というデザインテーマのもとにデザインされています。

２０１５年12月、「日本カー・オブ・ザ・イヤー」が発表され、「マツダ ロードスター」が受賞しました。日本で最も栄誉とされる同賞を、マツダは、２０１２年のＣＸ‐５、２０１４年のデミオに続いて、過去４年で３回受賞しています。唯一受賞を逃した２０１３年にはフォルクスワーゲン社のゴルフが受賞していますから、ここ数年間のマツダは、他の日本企業を圧倒していると言っていいでしょう。

前記以外に注目すべきは、デザイン分野に特化した賞を数多く受賞していることです。例えば、世界的な自動車の表彰である World Car Awards の World Car Design of the Year では、２年続けて世界のトップ３に選出されています。

非常に興味深いのは、同賞は一般にラグジュアリーカーと呼ばれるセグメントからの受賞が多く、実際に２０１３年に選ばれているのは「アストンマーティン・ヴァンキッシュ」と「ジャガーFタイプ」なのですが、そういった文字通り「桁違いに高価なクルマ」と並んで、アテンザが受賞しているということです。

さらには、世界三大デザイン賞の一つであるレッド・ドット・デザイン賞でも、アクセラ、ＣＸ‐３、ロードスターの３車種が、プロダクトデザイン部門で立て続けに受賞しています。

とくに「マツダ ロードスター」にいたっては、最高の栄誉とされる「Best of the Best」を受賞しています。

このような指摘に対して、「日本車に対する高評価は、何もいまに始まった話ではない」という反論があるかもしれません。確かに、これまでの日本車は世界的に高い評価を受けており、実際に過去のヨーロッパ・カー・オブ・ザ・イヤーでの受賞実績もあります。

しかし、これらの受賞対象車は全て小型車と省燃費車（1993年の日産マーチ、2000年のトヨタヴィッツ、2005年のトヨタプリウス、2011年の日産リーフ）で、言ってみれば「品質」や「技術」、さらにはそれらと価格見合いの「買い得感」が評価されてのことでした。マツダは、日本車の歴史において新たな競争のステージを開拓しつつあると言えるでしょう。

このようなデザイン面での評価が、どのように業績に貢献しているのでしょうか？

魂動デザインを採用した車種が導入され始めた2012年以降、マツダの売上高と営業利益は大幅に増加しています。2012年3月期の売上高は約2兆円、営業利益は380億円の赤字でしたが、2015年3月期には、売上高が3兆円、営業利益は2000億超の黒字に転じました。

同社のデザイン面での躍進を支えているのが、前田育男氏のリーダーシップです。

前田氏のデザイン面でのリーダーシップの特徴は、彼自身が掲げるビジョンがそのまま示しています。前田氏は「Car as Art」、つまり「アートとしてのクルマ」の実現を理想に掲げています。優れたアート作品が私たちに与える驚きや感動を、マツダ車を見たときにも感じさせるようなデザインを目指しているわけです。そのため、前田氏はデザイン部門の全員に、アーティストとして自動車の開発に携わることを求めています。

マツダが依拠した「日本的美意識」

前田氏は、マツダが世界のトップブランドとして、デザイン面でも欧米企業と伍していくためには、日本の伝統的な美意識を生かすことが必須であると考えました。それは凛とした佇まいや、品の良い艶やかさです。前田氏は、最終的に、マツダ車のデザインにおけるキーワードを「動」「凛」「艶」の三つにまとめました。

「動」とは、走る喜びを表す躍動感、大自然を駆け回るダイナミックな生命体としての自動車をイメージさせます。「凛」は「動」の対照として、緊張感のある凛々しい佇まいから生まれる静かな存在感、そして「艶」は、美しい獣が発するような色気や妖艶さです。

これらを包括的に象徴するデザイン哲学として、前田氏が到達したのが、先述した「魂動：Soul of Motion」です。前田氏は、この言葉に行き着くまでに、1年近くの間、毎日考え続けたと言います。

注意しなければならないのは、これがある特定車種のデザインを規定するために作られた具体的な指針ではない、ということです。マツダはスポーツカーだけでなく、4ドアセダンやハッチバック、RVも製造するフルラインの自動車メーカーです。このように性格や顧客層も異なる自動車のラインナップに対して、求心力のあるデザイン哲学を全て適用しようというのですから、自ずと抽象的なものにならざるを得ません。

前田氏自身は、この「魂動デザイン」については、「抽象的な精神論のようなもの」であり、具体的なデザインや形状を規定するものではないと言っています。個々のデザイナーは、個別車種のデザインをするにあたっては、自由に発想を広げるのと同時に、根っこには魂動のデザイン哲学をしっかりと据えることが求められます。

魂動デザインの具体化において、とくに重視されたのが、「日本的美意識」の強調でした。前田氏は、マツダのデザインがグローバル市場において尊敬を勝ちとるためには、欧米の模倣ではない「日本の美意識」に根ざしたデザインが重要であると力説します。

ご存知の通り、これまでの歴史の中で、自動車のデザインを牽引してきたのは欧州、なかでもイタリアとドイツでした。これは、自動車デザインがもともと馬車のデザインの延長線上に発展してきたことと無関係ではありません。自動車の形態や基本構造を表現する用語であるクーペ（2ドア、屋根付き）やカブリオレ（2ドア、幌付き）やワゴン（4ドア＋荷室、屋根付き）といった言葉は、もともとは馬車のタイプを指す呼称です。

言うまでもなく、馬車は上流階級の持ち物であり、自分の財力やセンスを誇示するための格好の道具であったことから、極めて洗練されたデザインが求められました。つまり、馬車というのは今日の自動車と同じように、機能的便益よりも自己実現的便益が強く求められていたわけです。このような要請から、19世紀の欧州では、豪華絢爛な馬車の製作を担う業者、いわゆるコーチビルダーが隆盛を極めることになります。

オノレ・ド・バルザックの小説『ゴリオ爺さん』には、田舎からパリに上京してきた野心満々の青年が、精一杯の背伸びをしてなんとか身なりを整えたものの、さすがに馬車を買う金はなく、仕方なく徒歩で上流階級のマダムを訪問したところ、門番の召使いから鼻でバカにされるというエピソードが描かれています。

18〜19世紀の欧州の都市において、馬車というのは移動の道具である以上に、服装だけでは誤魔化せない「本物の財力」を公共の場で誇示するための唯一と言っていい道具でした。そのような記号的・社会的な要請を持った道具が文化的に洗練されないわけがありません。

話が少し横道に逸れてしまいましたが、つまり欧州における車体デザインというのは、生活上の必要ではなく、一種の文化的要請として発展してきたということです。

自動車産業が本格的に勃興してきたのは１９５０年以降、日本企業はそこから手探りで車体のデザインを始めたわけですが、欧州ではその１００年以上前から、大金持ちの自己顕示欲を満たすという極めて厳しい要請に応えるために、車体デザインのリテラシーは徹底的に高められていた、ということです。

生産量や品質といった面で、日本の自動車産業は世界をリードする立場に立って久しいですが、デザイン面で世界の注目を浴びることがほとんどなかったのは、このような背景も絡んでいます。

前田氏は、このような状況を打開し、日本の自動車デザインを世界から尊敬される地位まで高めることを目論んでいます。これは非常に野心的と言えます。

本来、日本人が持っている美的感覚にはもっと研ぎ澄まされた領域があったはずだと思

うのです。たとえば、日本庭園は完璧な石の配置や間合いがあるからこそ、凛とした空気感が生まれてくる。（中略）そういう日本古来の美意識を、スタイルとしてダイレクトに様式に落とすのではなくて、スピリットとして抱いてデザインに生かしていきたいと考えています。

「一橋ビジネスレビュー２０１４年春号」より

この前田氏による指摘で重要なのは、「スタイルとしてダイレクトに様式に落とすのではなくて、スピリット」という部分でしょう。

日本的な美意識を表現しているものとしては、様々な物品があります。前田氏が指摘したように日本庭園の他にも、例えば茶室や陶器などもそうでしょうし、物品を離れれば書や家紋などのグラフィックもこれに含まれるでしょう。こういった多領域に及ぶ日本的美意識を、直接的にではなく通底しているスピリットをすくい取る形で、自動車という極めて欧州的な価値観を反映した製造物に反映させようということです。言葉で言うのは簡単ですが、このような抽象的な規定を大組織において実践していくことは容易ではありません。

次節では、このデザイン哲学、そして日本的美意識を、マネジメントとしてどのように商品化しているのかという点について考察してみましょう。

マツダにおける「顧客の声」の位置付け

マツダのデザイン戦略において特徴的なのは、**顧客の声の位置付け**です。彼ら自身はそのような言葉を使っているわけではないのですが、私なりに端的に表現すれば「一応の参考にはする」ということになるかと思います。

先述した通り、マツダはこれまでの自動車開発における基本的なデザイン文法から乖離し、極めて挑戦的な「日本的美意識の盛り込み」という目標を掲げています。このような大胆で、言ってみれば独善的な高みを目指すために、マツダでは顧客の声を直接的にデザインに反映させることはしない、と前田氏は言います。

マツダが狙っているのは「顧客に好まれるデザイン」ではなく、「顧客を魅了するデザイン」だと言ってもいいでしょう。こう言えば柔らかく響くかもしれませんが、要するに「上から目線」だということです。ここには、MBAで習うような従来型のマーケティングにおいて重視される、顧客のニーズや好みを探り、それにおもねっていくという、卑屈な思考は放棄されています。

これはまた、昨今様々な企業で検討・実践されている**デザイン思考のアプローチの真逆と**

も言える取り組みです。

デザイン思考では、顧客の行動や使用現場を徹底的に観察し、経験価値を設計するというプロセスで商品を開発しますが、マツダのデザインアプローチはむしろその逆です。

方法論としてどちらが優れているかという問題ではありません。両者は目指すゴールが異なっているんですね。デザイン思考が目指すのは基本的に「問題の解決」です。手法の名称に「デザイン」などと入っているのでややこしいのですが、**「デザイン思考」というのは問題解決手法であって、創造の手法ではありません**。従って、ゴールは「問題が解決されること」であって、そこに感動があるかどうかは問われない。

しかし、マツダが目指しているゴールは異なります。彼らがこのユニークなアプローチの末に追求しているゴールは「**感動の提供**」だということです。

「美」のリーダーシップ

さて、ここからが本題です。顧客の声を意思決定の立脚点にしないのであれば、何か別の立脚点が必要になります。マツダの場合、この立脚点は最終的にはデザイン本部長である前田育男氏の「審美眼」ということになります。前田氏の求める「歴史に残るデザインなのか」「魂動デザイン哲学を実現できているか」という、極めて抽象度の高い要求に合致しているかどうかが、最終的な判断基準になります。

デザインの良し悪しを数量的に評価することは難しいので、多くの場合、顧客の選好度合いを数値化してデザイン評価の代替指標とします。このアプローチを採用すると、良いデザインというのは、多くの顧客に選好されるデザインだということになりますが、しかし、ここに大きな問題があります。**顧客のセンスの良し悪しで、その商品のデザイン面での競争力が決定されてしまうという問題**です。この点についてはすでにデザイナーである原研哉の指摘を紹介しましたね。

センスの良い顧客の選好を聞けば、センスの良いデザインができるでしょうし、センスの悪い顧客の選好を聞けばセンスの悪いデザインが出来上がる。できればセンスの良い人たちだけに意見を聞きたいのだけれども、「センスが良い」という判断に、そもそも個人的な美意識が介入しますし、統計的に有意なデータを取るためには一定程度以上のサンプル数が必要になるため、**どうしてもセンスの悪い人たちの選好が交じってしまう**。これは、普遍的な顧客主導型のデザインが宿命的に抱えている問題です。

この問題を回避し、前田氏が掲げる「歴史に残るデザイン」という目標を達成するためには、どうしても判断基準を内部化する必要があります。

ではどのような基準で、前田氏はデザインの良し悪しを判断しているのでしょうか？

一言で答えるのであれば「**一目見て、イイものはイイ、ダメなものはダメ**」だということです。

前田氏は、アートと呼ぶことができるレベルの作品とは、説明がなくとも、一目見たその瞬間に人を感動させられるものでなくてはならない、と断言します。つまり、「**自分がいいと思うかどうか、ピンとくるかどうか**」**が最終的な意思決定の立脚点**であって、データや説明などは参照しない、むしろそんなものが必要になっている時点で、そのデザインはダメだというわけです。

こうやって言葉で書けば簡単ですが、これはなまなかなことではありません。本書の前半で、意思決定における「アート」と「サイエンス」の問題について考察した際、アカウンタビリティについて言及しました。繰り返せば、アカウンタビリティというのは「なぜ、そうなのか」ということを説明できるということであり、さらには、サイエンスが偏重されるのは、このアカウンタビリティが過度に求められているからだということを指摘しました。

一方で前田氏は「説明が必要なデザインでは人を感動させられない」と言います。これはつまり「このデザインを選んだ」という理由について、アカウンタビリティはむしろ邪魔だということです。であるからこそサイエンスを捨て、徹底的にアートを追求できているのです。

端的に言えば、これは**リーダーシップの問題**と言えます。

先述した通り、アカウンタビリティというのは、絶対善のように思われている節がありますが、過度に「合理的な説明可能性」を求めすぎると、意思決定のプロセスにおけるリーダーの直感や美意識はほとんど発動されず、結果的に意思決定の品質を毀損する恐れがあります。これでは「美しさ」を競争軸にして戦っていくことは適わないでしょう。

前田氏の発揮している「美のリーダーシップ」について、意思決定が結果的に間違いだった場合、弁解の余地はありません。「自分が判断を誤りました」としか言いようがないからです。逆に言えば、だからこそ「歴史に残るデザイン」という目標を課し、自らの判断基準のバーを極めて高い水準に設定しているのです。

これまで本書においては、経営における「真・善・美」の判断を内部化するうねりが、世界中の企業において起きていることを指摘し、その背景を説明してきましたが、マツダで進行しているのは、このうちの「美」に関する判断基準の内部化として整理することができます。

そしてまた、「美のガバナンス」という観点については、日本企業によく見られる合議を前提にしたコンセンサス重視の意思決定プロセスではなく、大きくデザイン部門をリードする前田氏という個人に依存した仕組みになっているという点も特徴的でしょう。

ここでポイントになるのが、このようなガバナンスの仕組みは、前田氏のような突出した美意識を持つ個人だけでなく、**その周囲の人にもまた高い美意識を要求する**、という点です。なぜならば、そもそも前田氏のような個人に全権を委譲するという意思決定は、前田氏の美意識の高さを判断できるだけの美意識を持った人でないと、できないからです。要するにこれは「美意識の目利き」ということです。

本書ではすでに、織田信長や豊臣秀吉といった権力者と、千利休のような高い美意識を持ったクリエイティブディレクターとの関係について考察していますが、このようなユニットは、双方に高い水準の美意識を求めます。信長や秀吉とて、美に疎い人物ではありません。むしろ、極めて強いこだわりを持った人物だったと言うべきでしょう。そういう美意識を持った人物であったからこそ、千利休という存在の巨大さに気づき、そしておそらく嫉妬したのです。

つまり、組織における「美意識のガバナンス」というのは、突出した美意識を持った個人がいればそれでいい、という問題ではないのです。「美のマネジメント」に携わる人たちすべてにとって、高い水準の審美眼・哲学・倫理観が求められる、ということです。

次章では、この要請に対して、グローバル企業で行われている「美意識の鍛え方」について、紹介していきたいと思います。

第7章　どう「美意識」を鍛えるか？

世界のエリートは「どうやって」美意識を鍛えているのか？

ここまで、本書では「世界のエリートはなぜ美意識を鍛えるのか？」という論点を立てて、その理由を様々な角度から考察してきました。

ここからは別の論点として、世界のエリートは「どうやって」美意識を鍛えているのか、という問いを立て、説明していきたいと思います。

本書の執筆にあたって、筆者は2年ほどの時間をかけて、様々なグローバル企業や教育機関に対してフィールドリサーチやインタビューを実施しました。ここではそれらのインタビューやフィールドリサーチを通じて得られた興味深い事例について、ご紹介したいと思いますが、その前に一つ、「アートと知的パフォーマンスの関係」に関する興味深い研究結果について、共有しておきたいと思います。

「アート」が「サイエンス」を育む

ここまで、本書においては「アートを担う人材」と「サイエンスを担う人材」が組み合わされることで、組織の経営品質が高まるということを述べてきたわけですが、ここでは「ア

ート」と「サイエンス」が、個人の中で両立する場合、その個人の知的パフォーマンスもまた向上する、という驚くべき研究成果について紹介してみたいと思います。

ミシガン州立大学の研究チームは、ノーベル賞受賞者、ロイヤルアカデミーの科学者、ナショナルソサエティの科学者、一般科学者、一般人の五つのグループに対して、「絵画や楽器演奏等の芸術的趣味の有無」について調査したところ、ノーベル賞受賞者のグループは、他のグループと比較した場合、際立って「芸術的趣味を持っている確率が高い」ことが明らかになりました。

具体的には、ノーベル賞受賞者は、一般人と比較した場合、2・8倍も芸術的趣味を保有している確率が高かったんですね。

ちなみにノーベル賞受賞者のグループほどではないにしても、高水準の実績がないと参加できないロイヤルアカデミーとナショナルソサエティについては、それぞれ1・7倍と1・8倍となった一方で、一般科学者のグループについては、一般人との違いはほとんど見られませんでした。

この研究結果は、私たちが一般に考えるほど、「サイエンス」と「アート」というものは対照的な営みではなく、個人の中にあっても両者は相互に影響を与え合い、高い水準の知的活動を可能にしているのかもしれないという示唆を与えます。

確かに、歴史を紐解いてみれば、ダントツに高い水準の知的生産を行った科学者の多くが、芸術面でも高い素養を持っていたことを私たちは知っています。

モーツァルトを愛し、どこに旅行に行くにも必ず愛用のバイオリンを携えていたアルバート・アインシュタインのエピソードは有名ですし、物理学の分野での先端的な研究をしながら、ユーモア溢れるエッセイを数多く生み出したリチャード・ファインマンには高い文学的素養がありました。

あるいは、歴史を遡れば、ルドヴィゴ・チーゴリにデッサンを習い、水彩画で陰影を表現する技術を身につけていたガリレオ・ガリレイは、だからこそ低倍率の望遠鏡で「月のデコボコ」を発見することができましたし、そういえば、ペニシリンの発見者であるアレクサンダー・フレミングは、自分で微生物を培養した絵の具を用いて水彩画を描いていました。

さて、科学的な業績と芸術的な趣味に無視できない関係性がありそうだということはわかったとして、ではその関係のメカニズムはどのようなものなのか？

結論から言えば、その理由はよくわかっていません。ミシガン州立大学の研究チームが作成したこの論文も、その理由についてはいくつかの仮説を紹介するにとどまっており、どれも興味深いものではあるのですが、紙幅の関係もあるので、ここでは紹介しません。

ここでまず共有しておきたいのは、芸術的な素養としての「美意識」を鍛えられている人は、科学的な領域でも高い知的パフォーマンスを上げているということです。

絵画を見る

２００１年、エール大学の研究者グループは、**アートを見ることによって観察力が向上することを証明しました。**「米国医師会報」には、医大生に対して、アートを用いた視覚トレーニングを実施したところ、皮膚科の疾病に関する診断能力が56％も向上したことが報告されています（＊４）。また、同報告書では、直接的な疾病に関する診断能力だけでなく、全般的な観察能力、特に細部の変化に気づく能力が10％向上したこともレポートされています。

本書で度々取り上げた通り、現在、多くの分野で人工知能と人間の仕事の奪い合いが議論になっていますが、その一つに医療分野が挙げられます。いずれ医師の仕事は人工知能に取って代わられるようになる、と主張する人は少なくありません。そのように主張する人に言わせれば、診断に関するビッグデータを蓄積した人工知能に対して、人間の診断能力は到底及ばない、ということらしいのですが、私自身はこの指摘に対しては、医師の仕事を狭い範囲に限定しすぎていると考えています。

確かに、体に現れた具体的な症状や問診情報に基づいて、病気を診断するという能力に関しては、おそらく近い将来、人工知能は平均的な医師の能力を凌駕することになるのでしょう。

しかし、医師というのは別に診断だけを仕事にしているわけではありません。診断に基づいて治癒・寛解させることはもちろんのこと、再発防止に向けて生活習慣を変えさせたり、やる気が持続するようなリハビリのプログラムを考えたりするのも、仕事の大事な一部なのです。ここで重要になってくるのが「**観察眼**」です。

例えば、ちょっとした言葉から出身地を想像し、出身地に特有の食生活習慣と病気との因果関係について仮説を持つ。あるいは病室のベッドの横においてある本や雑誌から、趣味や生きがいを想像し、リハビリのプログラムを考案する。あるいは病室に飾ってある花のしおれ具合や交換の頻度から、家族との関係性についての示唆を得、生活習慣の改善にどれくらい協力してもらえそうかの仮説を持つ。

簡単に言えば、「ちょっとしたヒントから洞察を得る」ということでしかないのですが、こういったことができるのは人間の医師だけです。人工知能はあらかじめ入力する情報の枠組みを作ってあげないと情報処理ができません。ですが、現実に起きうることを全てあらかじめ記述することは非常に難しいため、いわゆる「フレーム問題」（＊５）が発生することになります。

入力される情報として定式化されない範囲まで観察し、観察された事象から様々な洞察を得て意思決定の品質を高める。これが、エール大学の研究グループによって指摘された内容のエッセンスです。そしてこれはそのまま、私たちの多くが関わっているビジネスの世界でも同じことでしょう。

では、どうやって観察眼、つまり「観る力」を鍛えることができるのでしょうか？

＊４　Jacqueline C. Dolev, Linda K. Friedlander, and Irwin M. Braverman, "Use of Fine Art to Enhance Visual Diagnostic Skills," Journal of the American Medical Assocation vol. 286, no. 9: 1019-21.

＊５　フレーム問題とは、人工知能における未解決難問の一つ。有限の情報処理能力しかないロボットには、現実に起こりうる問題全てに対処することができないことを示すものである。

１９６９年、ジョン・マッカーシーとパトリック・ヘイズの論文の中で述べられたのが最初で、現在では、数多くの定式化がある。

ＶＴＳで「見る力」を鍛える

昨今、多くのグローバル企業やアートスクールにおいて、「見る力」を鍛えるために、さかんに実施されているのがＶＴＳ（＝Visual Thinking Strategy）です。

何やら聞きなれない言葉ですよね。インターネットで検索すれば、様々な定義が出てくると思いますが、平たく言えば、ビジュアルアートを用いたワークショップによる鑑賞力教育、ということになります。

私自身の本業は組織開発を専門とするコンサルタントですが、もともとの専攻が美術史だったこともあり、クライアント企業の幹部候補トレーニングでＶＴＳを実施することが最近増えています。

ＶＴＳのセッションでは、通常の美術教育において行われるような、作者や作品に関する情報提供は、ほとんど行われません。そのかわりに、セッションへの参加者には、徹底的に作品を「見て、感じて、言葉にする」ことが求められます。ファシリテーターである私がやるのは、この「見て、感じて、言葉にする」ということの後押しだけです。

具体的には、次のような質問をして、参加者に発言を促していきます。

1．何が描かれていますか？
2．絵の中で何が起きていて、これから何が起こるのでしょうか？
3．どのような感情や感覚が、自分の中に生まれていますか？

大の大人に対して、1の質問をすると、最初は、あまりにも自明なことを言うのに対して戸惑っているのがよくわかるのですが、だんだんと画面のディテイルについての発言が増えてくると、発言に対して他の参加者から「へえええ、よく気づいたね……確かに描かれているね」とか「あれ、私は違うものが描かれていると思ったんだけど……」といった意見が出てくるようになります。ここですでに最初の学びが得られます。それは即ち、自分にとって自明と思われることが、必ずしも他人にとっては自明ではない、ということです。

どうすれば、そのような「豊かな気づき」が得られるか？　ポイントになるのは、「どんな発言も許される」という雰囲気を作れるかどうかです。ファシリテーターの誘導によって、どんな発言でも許される、何を言ってもみんながポジティブに受け止めてくれる、という雰囲気を最初の5分で作れれば、普段は絵画などを鑑賞することがほとんどないような人でも、どんどん意見が出てくるようになります。

作品選びも重要な成功要件の一つです。私のセッションでは比較的「絵の世界」に入り込みやすいルノワールやカラバッジオの作品を用いますが、誰がどう見ても同じ解釈しか成立しないような作品……そういう作品は傑作と呼ばれるものの中には少ないですが、そういう作品を選んでしまうと解釈やストーリーが収斂してしまって、対話を通じて解釈の多様性が生まれるという醍醐味をなかなか感じられない可能性があります。

先ほどのように、ＶＴＳでは「何が起きているのか、これから何が起きるのか」ということを考えるわけですから（ちなみにこれは、ビジネスの世界で経営者が議論しなければならない最重要な論点と同じであることに注意してください）、ある程度具体的な題材が描かれている絵画の方が良いと思います。

例えばカラバッジオの「聖マタイの召命」なんていうのは、いい題材なのではないかと思います。ここはどこなのか？　それぞれはどんな人なのか？　これから何が起きるのか？　ということについて、とても想像力を刺激される絵なので、意見に多様性が生まれると思います。

一方で、あまりにもシュールでストーリーを想起するのに強度の想像力が必要な作品、例

カラバッジオ「聖マタイの召命」　提供：akg-images／アフロ

ジョルジョ・デ・キリコ“Melancholia”　©SIAE, Roma & JASPAR, Tokyo, 2017　G0967

えばキリコの絵画などを題材にしてしまうと、「なんでもいいから感じたことを話して」と言われても戸惑ってしまい、ほとんど意見らしい意見が出ない可能性があります。

もし適切な作品を選び、うまくファシリテーターが誘導できれば、美術鑑賞を全くしていない人であっても、一つの絵について30〜60分は対話し続けることができるはずです。

そして、一つの作品について、たっぷり30〜60分程度をかけて対話をし続けると、最初に絵や写真をパッと見たときに受けた印象や、ステレオタイプな解釈とは全く違った絵が目の前に立ち現れてくることを実感することになります。ソクラテスが言うところの「無知の知」ではありませんが、「見えていなかったことが見える」ようになるわけです。

「見る力」を鍛えるとパターン認識から自由になれる

今回のリサーチでは、ほとんどの企業において同様の取り組みが行われていましたが、どのような効果を期待しているか、こういった取り組みがなぜ企業にとって有効なのか、ここで私の考えを述べておきたいと思います。

理由は実にシンプルで、ビジネスパーソンこそ**ステレオタイプな「モノの見方」に支配されることのデメリットが大きいから**です。ステレオタイプな「モノの見方」から離れて、意識的に虚心坦懐に「見る」というスキルを持つために、ＶＴＳはとても有効な手段なんですね。

専門家として能力を高めていくというプロセスは、**パターン認識力を高めていくということ**に他なりません。パターンというのは「過去にあったアレ」と同じだと見抜くということです。そうすることによって、毎回ゼロから答えを作っていくというような非効率的なことはやらずに、過去において有効だった解を転用できるようになるわけです。

ところが、困ったことに、過去のパターンは永久には持続せず、どこかで突然変異が起こります。

ウォール街のトレーダーから認識論を専門とする科学者になったナシム・ニコラス・タレブは著書『ブラック・スワン』において、過去のパターン認識が通用しない突然変異的な状況が発生した際にも、しばしば私たちは過去に通用したパターン認識を適用しようとする傾向が強いことを指摘しました。白鳥というものは白いものだ、という認識に凝り固まってしまうと、目の前に「黒い白鳥」が現れたとしても、目の前の現実を否定し、それまでの概念を護持しようとし続けるわけです。

子供と異なり、大人は目に入ってくるものを基本的に意味付けして解釈します。目に入ってくる、と言われれば、それは「見る」ということだと思われるかもしれませんが、本当の意味で「見る」ということは非常に難しいことなのです。

この「見ることの難しさ」はなかなか抽象的に理解するのは難しいと思いますので、一つエクササイズをやってみましょう。

まず、次の二つの言葉をよく見てください。その上で、二つの言葉に共通している点を挙げてみてください。

エジソン

実験工房

ヒントを出すとすれば、「読まずに、見てください」ということになるでしょうか。

ちなみに私の５歳の娘は、５秒と経たずに正解を指摘しましたが、さてみなさんはいかがでしょうか？

経験を積んだビジネスパーソンにこの問題を出すと、多くの人は「エジソンと実験工房か……両方とも『発明』に関わる言葉だよな……共通項は『発明』かな……」といったように、それぞれの言葉を抽象的な概念として捉えて、その抽象概念の比較から共通項を探そうとします。

しかし、実際にやってほしいのはそんなことではないんですね。抽象化せずに、いま目の前にあるものを、なんの思考も交えずに純粋に「見る」ことです。本当に純粋に「見る」ことに徹すれば、二つの言葉に潜む共通項にすぐに気づくはずなんですね。

ここまで読んで「もう、わかったよ」という方は次に進んでください。まだわからない、という方は、次ページの二つを見てください。

さすがに気づいたでしょう。そう、エジソンの「エ」と、実験工房の「エ」は、全く同じ字なんです。二本の短い平行線の真ん中を一本の垂線で繋いだだけの、実に単純な記号ですから、純粋に「見る」ことに徹すれば、二つの文字がビジュアル的には全く同じものであることにすぐに気づきます。

私はこのエクササイズをいろんな相手に対してやっているんですけれども、幼稚園児に

「二つの言葉の中に、同じものがあるかな？」と聞くと、すぐに「エ」を挙げてきます。なぜ彼らにはそれができるかというと「読む」ということができないからです。彼らには「読む」ことはできない、純粋に「見る」ことしかできないわけです。

一方で、大人はその逆になる。大人はどうしても読んでしまう。読んでしまうというのはパターン認識するということです。パターン認識しているからこそ、個々人で異なる手書き文字であっても「同じ字」として読むことができる。この高度なパターン認識能力が、本当の意味で「見る」という能力をものすごくスポイルしているわけです。

パターン認識とイノベーション

大半の大人は、パターン認識を身につけることによって、虚心坦懐に「見る能力」を失ってしまう。

ところが、ごくごく少数ながら、大人になっても、このパターン認識を身につけられない人がいます。この症状は一般に「ディスレクシア＝失読症」として診断されます。そして、近年の研究によると、成功した起業家は、普通の人の4倍も、失読症である確率が高いということがわかっています。この事実は私たちにとても興味深い示唆を与えてくれます。

エール大学の神経科学者であるサリー・シェイウィッツは、失読症患者に対して「彼らは、普通の人とは思考の仕方が異なるのです。もっと直感的で、問題解決力に優れ、全体像を見た上で、シンプルな本質を捉える。彼らは、一定の手順を繰り返すことは苦手ですが、数少ない兆しから、この先に何が起きるか。を予見することには、大変優れています」と指摘しています（＊6）。

シェイウィッツによる「失読症患者」の指摘を聞いて、なんだかイノベーションを起こす人の条件に似ているなあ、と思われた方もいるかもしれません。実はその直感は正しくて、例えばアップルのスティーブ・ジョブズやヴァージンのリチャード・ブランソン、あるいはスティーブン・スピルバーグやアルバート・アインシュタインにも、失読症の傾向があったことが知られています。

私たちの持つパターン認識は、毎日の繰り返しを、エネルギーを省力化して効率的に過ごすには大変大きな武器なのですが、その一方で「変化を捉える、変化を起こす」には大変重い足かせになっているんです。

私たちの持つパターン認識の能力が、いかにして「美しい」という感覚の喚起を妨げるか、繰り返し指摘していたのが評論の神様と呼ばれた小林秀雄でした。小林秀雄はその著書において、次のように指摘しています。

例えば、諸君が野原を歩いていて一輪の美しい花の咲いているのを見たとする。見ると、それは菫の花だと解る。何だ、菫の花か、と思った瞬間に、諸君はもう花の形も色も見るのを止めるでしょう。諸君は心の中でお喋りをしたのです。菫の花という言葉が、諸君の心のうちに這入って来れば、諸君は、もう眼を閉じるのです。それほど、黙って物を見るという事は難しいことです。菫の花だと解るという事は、花の姿や色の美しい感じを言葉で置き換えてしまうことです。言葉の邪魔の這入らぬ花の美しい感じを、そのまま、持ち続け、花を黙って見続けていれば、花は諸君に、かって見た事もなかった様な美しさを、それこそ限りなく明かすでしょう。

小林秀雄『美を求める心』

小林秀雄は、菫の花という言葉が心に入ってくれば目を閉じると言っています。言葉というのは概念でありパターンです。目の前に美しい花がある。そして、その花と同じ色・形のものは、この世に一つとしてない。つまり私たちが出会う花というのは、まさしく字義通りに「一期一会」なわけですね。ところが、その美しい花は一瞬で十把ひとからげに「菫＝すみれ」という抽象概念に置き換わって認識され、処理されてしまう。その過程で「花の姿や色の美しい感じ」を受け止める感性は駆動されません。だから「言葉の邪魔の這入らぬ花の美しい感じ」を持ち続けることが大事なのです。

私たちがこれから直面することになる状況の多くは、過去の問題解決において有効だった手段が必ずしも使えない状況、パターン認識力の高さが、そのまま問題解決の能力に繋がらない、むしろ状況を見誤らせることになる状況です。このような状況において、まず必要なのは、**何が起きているのかを虚心坦懐に「見る」ということ**でしょう。そういう、**純粋に「見る」という能力を高めるためには、VTSのセッションはとても有効**なのです。

＊6 Sally E. Shaywitz, Dyslexia, Scientific American November 1996

哲学に親しむ

エリートの見識を養成するための教育施策として最も普遍的に行われているのが、哲学教育です。17世紀以来、エリート養成を担ってきた欧州名門校の多くにおいて、理系・文系を問わずに**哲学が必修**となっていることはすでに紹介しました。

あるいは現在でも、経営幹部の教育研究機関として著名な米国のアスペン研究所では、哲学に関する講座が主要プログラムの一つとなっており、全世界から集まるグローバル企業の幹部が、風光明媚なアスペンの山麓で、プラトン、アリストテレス、マキャヴェッリ、ホッブズ、ロック、ルソー、マルクスといった哲学・社会学の古典をみっちりと学んでいます。

本書執筆のためのリサーチとして、複数の日本企業・海外企業の経営人材育成担当者にインタビューをさせていただきましたが、最も「思想として違うな」と感じたのは、この「哲学教育」の部分でした。

誤解を恐れずに言えば、**海外のエリート養成では、まず「哲学」が土台にあり、その上で功利的なテクニックを身につけさせるという側面が強いのに対して、日本では、土台となる部分の「哲学教育」がすっぽりと抜け落ちていて、ひたすらにMBAで習うような功利的テクニックを学ばせている**、という印象を持ちました。

確かに、多くの日本人にとって、ビジネスエリートが哲学を学ぶことの意味合いについて、直感的に理解することは難しいかもしれません。

まず、現代を生きるビジネスパーソンにとって、古今東西の哲学者の論考から、どのような学びが得られるのかという論点について整理してみましょう。

現代を生きるビジネスパーソンにとって、「哲学から得られる学び」には、大きく3種類あります。

それらは、

1. コンテンツからの学び
2. プロセスからの学び
3. モードからの学び

ということになります。

コンテンツというのは、その哲学者が主張した**内容そのもの**を意味します。次にプロセスというのは、そのコンテンツを生み出すに至った**気づきと思考の過程**ということです。そして最後のモードとは、その**哲学者自身の世界や社会への向き合い方や姿勢**ということです。

これら三つの学びを整理しないままに哲学書に接しても、おそらく現代を生きる私たちにとって有用な示唆や気づきは得られないと思います。

というのも、例えば古代ギリシアの哲学者の論考内容は、すでに自然科学の検証によって「誤り」であることが判明しているものが少なくないからです。これはつまり、先ほどの枠組みで言えば、「1．コンテンツからの学び」に関わるところで、要するにコンテンツとしては全然ダメだということです。

しかし、ではその哲学者の考察から何も学べないのかというと、そうではない。**その哲学者がなぜそのように考えたのか、どのような知的態度でもって世界や社会と向き合っていたのか、**という点については、いくら実際の論考内容＝コンテンツが誤りであったとしても、私たちにとって学びとる点はたくさんあるわけです。

プロセスとモードからの学び

具体的なイメージがわきにくいと思うので、実例を挙げて説明しましょう。

ソクラテス登場以前の古代ギリシア、時代としては紀元前6世紀ごろのことですが、アナクシマンドロスという哲学者がいました。彼はある日、ふとしたきっかけで、当時支配的だった「大地は水によって支えられている」という定説に疑問を持つようになります。なぜ疑問を持ったのか、その理由は実にシンプルで「もし大地が水によって支えられているのであれば、その水は何かによって支えられている必要がある」というものでした。なるほど、確かにその通りです。

そしてアナクシマンドロスはさらに考えを推し進めます。つまり「もし仮に、水を支えている〝何か〟があったとしても、その〝何か〟もまた別の何かに支えられている必要がある。こうやって考えていくと無限に後退していかざるを得ないが、無限にあるものなど有り得ないわけで、そうすると最終的に地球は何物にも支えられていない、つまり宙に浮いているということになる……」という、当時の人を仰天させるような仮説を打ち出したわけです。

アナクシマンドロスが最終的に打ち出した仮説、つまり「大地は何物にも支えられていない」という結論は、地球が宇宙空間に浮かんでいることを知っている現在の私たちにとって、当たり前のことでしかありません。

しかし一方で、アナクシマンドロスが示した知的態度と思考プロセス、つまり当時支配的だった「大地は水によって支えられている」という定説を鵜呑みにして思考停止することなく、「大地が水によって支えられているのだとすれば、その水は何によって支えられているのだろう」という論点を立て、粘り強く思考を掘っていくような知的態度と思考プロセスは、現在の私たちにとって大いに参考になります。

つまり、先ほどの枠組みで整理すれば、アナクシマンドロスの哲学というのは、「1．コンテンツからの学び」という点では全くダメですが、「2．プロセスからの学び」や「3．

モードからの学び」については、大いに私たちにとっても示唆や刺激があるということです。

そして、ここが非常に重要な点なのですが、**現代社会を生きるエリートが、哲学を学ぶことの意味合いのほとんどが、実は過去の哲学者たちの「1．コンテンツ」ではなく、むしろ「2．プロセス」や「3．モード」にある**ということです。ビジネスパーソンが哲学を学ぼうというとき、多くの人が落ちてしまう陥穽《かんせい》がここにあります。

著名な哲学者の著作だから、ということで手に取ってはみたものの、先述した通り、過去の著作の多くの「1．コンテンツ」は、すでに誤りであることが判明していますから、「こんなことをいまさら学んでも意味がない」と短兵急に断じてしまうわけです。

慶應義塾の塾長として今上天皇の家庭教師も務めた小泉信三は、エリートが得てして「すぐに役に立つ知識」ばかりを追い求める傾向があることを指摘し、「**すぐに役立つ知識はすぐに役立たなくなる**」と言って基礎教養の重要性を訴え続けましたが、哲学の学習についても同じことが言えます。

知的反逆

多忙なエリートにとって、著名な哲学者の著作を一ページずつ紐解いていくことは確かに費用対効果の低い営みに映るかもしれません。しかし、だからといって「要するに何を言っているのか」という梗概《こうがい》のみを整理した本を拾い読みしても、せいぜい身につけられるのは虚仮威しの教養でしかありません。

なぜなら、真に重要なのは、**その哲学者が生きた時代において支配的だった考え方について、その哲学者がどのように疑いの目を差し向け、考えたかというプロセスや態度**だからです。

その時代に支配的だったモノの見方や考え方に対して、批判的に疑いの目を差し向ける。誤解を恐れずに言えば、これはつまり**ロックンロール**だということです。「哲学」と「ロック」というと、何か真逆のモノとして対置されるイメージがありますが、「**知的反逆**」という点において、両者は地下で同じマグマを共有している。

私は、近代思想が急速に影響力を失ってきた時代と、ロックに代表されるポップミュージックが急速に力をつけてきた時代がほぼ同じだったということに、なんらかの必然を感じているのですが、この話はまた別の機会にしておきましょう。

話を元に戻します。

過去の哲学の歴史を一言で表現すれば、それは「**疑いの歴史**」ということになります。それまで定説とされてきたアイデアやシステムに対して、「果たして本当にそうだろうか？」と考えてみる。全ての哲学は、このような「疑い」を起点としてスタートしています。

そして、このような「疑いの態度」は、そのまま「システムを無批判に受け入れる」という、先述したハンナ・アーレントによる「悪の定義」と対比されることになります。

繰り返せば、アーレントは、アイヒマン裁判を傍聴した末に、悪とは「システムを無批判に受け入れることだ」と指摘しました。一方で、過去の哲学の歴史は全て「システムへの疑い」を起点にしている。これはつまり、**哲学を学ぶことで、「無批判にシステムを受け入れる」という「悪」に、人生を絡めとられることを防げる**ということです。

世界というシステムが発展途上の段階にある以上、世界システムを構成するあらゆるサブシステムもまた発展途上の段階にあります。従って私たちには、そのシステムに疑いの目を差し向け、より良い世界や社会の実現のために、何を変えるべきかを考えることが求められているわけですが、ここにエリートのジレンマがあります。

というのも、エリートというのは、**自分が所属しているシステムに最適化することで多くの便益を受け取っているわけですから、システムを改変することのインセンティブがない**わけです。

システムに最適化すること自体は批判されるべきことではありません。かつての歴史においても、現代においても、システムに最適化すること自体を否定し、いわばシステムの外側から遠吠えのようにシステム批判を繰り返している人はたくさんいます。しかし、ではそういう人たちが、実際にシステムを改変できるだけの権力や影響力を持てたかというと、残念ながらそういうことはほとんどありません。

ウッドストックに集まってマリファナを吸いながら世界平和を訴えたヒッピーたちや、日米安保反対を叫びながら機動隊に向けて火炎瓶を投げつけた学生たちが典型ですが、かつて何万人という人が、「世界を変える」と叫んで、システムの外側からこれを改変する活動に身を投じていきました。

しかし、結果はどうだったか？　ゼロ、全くのナッシングです。このような営みに身を投じていた人のほとんどが、そのような活動の虚しさに気づき、やがてはネクタイを締め、就職面接を受け、いわば「システムに絡め取られていった」わけです。

システムの内部にいて、これに最適化しながらも、システムそのものへの懐疑は失わない。そして、システムの有り様に対して発言力や影響力を発揮できるだけの権力を獲得するためにしたたかに動き回りながら、理想的な社会の実現に向けて、システムの改変を試みる。

これが現在のエリートに求められている戦略であり、この戦略を実行するためには、「システムを懐疑的に批判するスキル」としての哲学が欠かせない、ということです。

俺たちはみんなドブの中を這っている。しかし、そこから星を見上げている奴だっているんだ。

オスカー・ワイルド

文学を読む

自分にとっての「真・善・美」を考えるにあたって、最も有効なエクササイズになるのが「文学を読む」ことだと思います。

地下鉄サリン事件の後、あれほど高学歴の人々がなぜかくも愚かで邪悪な営みに人生を捧げようとしたのか、という疑問を晴らすために、オウム真理教の幹部にインタビューを重ねた宮内勝典氏は、彼らがことごとく文学に親しんでいないことに気づいた、と著書の中で記しています。

実は私もまた、戦略コンサルティング業界の先輩や後輩の多くが、その学歴の高さにはそぐわないほどに、文学作品を読んでいないということに気づいて非常に奇異に感じたことがあります。

「偏差値は高いけど美意識は低い」という人に共通しているのが、「文学を読んでいない」という点であることは見過ごしてはいけない何かを示唆しているように思います。

古代ギリシアの時代以来、人間にとって、何が「真・善・美」なのか、ということを純粋に追求してきたのは、宗教および近世までの哲学でした。そして、**文学というのは同じ問いを物語の体裁をとって考察してきた**と考えることができます。

例えばドストエフスキーに『罪と罰』という作品がありますね。すでに読まれたという方が多いと思いますが、作品のストーリーを簡単に記せば、次の通りです。

頭脳明晰だが経済的に不遇な青年であるラスコーリニコフが、強欲で狡猾な高利貸しの老婆を殺して金を奪う。ラスコーリニコフ自身は「頭脳明晰な自分が経済的困窮で勉強できないのは社会のためにならず、従ってこの犯罪は許される」という合理化をするものの、罪の意識に苛まれて苦悩し、やがて悲惨な生活を送りながらも家族のために尽くす娼婦のソーニャの生き様に打たれ、最後には自首する。

この筋書きを読んでおわかりの通り、この小説には様々なタイプの「罪」が出てきます。ラスコーリニコフが犯した「殺人」は言うまでもなく、「高利貸し」という職業も「娼婦」という職業も、聖書では「穢《けが》れた職業」として忌避すべきものとされています。

そして、ラスコーリニコフ自身は、自分の「殺人」を合理化する理屈を考え、これを正当化しようとしますが、罪の意識に苛まれて苦悩する。一方のソーニャは、自分の家族を飢餓から救うために、自ら進んで売春婦となるわけですが、ラスコーリニコフのような合理化はせず、自分自身を「罪深い女」と認識している。

結局、このソーニャが、ラスコーリニコフという「悩める近代人の代表」とも言える人物の苦悩を救う聖母の役割を果たすことになるわけですが、さてでは、この物語の中で本当の「罪人」は誰なのでしょうか？　という問いが読者には与えられることになります。

もちろん答えはありません。ただ、自分なりの「真・善・美」の感覚に照らして、誰の生き様や考え方に共鳴するかを考えることで、自分のアンテナの感度を磨くということが大事なのです。

詩を読む

多くのビジネスパーソンにとって、「詩」はアート以上に縁遠い存在でしょう。私自身もそのように認識していたので、今回のリサーチで複数以上の企業が「詩」を用いたエクササイズを実施していることを知って大変おどろいたのですが、「なぜ、詩なのか」という筆者の質問に対する回答に接して、ああなるほどね、と思いました。

確かに、**リーダーシップと「詩」には非常に強力な結節点がある。**それは何かというと、両者ともに**「レトリック（修辞）が命である」**という点です。レトリックというのは、平たく言えば「文章やスピーチなどに豊かな表現を与えるための一連の技法のこと」です。

リーダーシップにおける「言葉」の重要性に、おそらく歴史上最初に注目したのが、古代ギリシア時代の哲学者、プラトンでした。プラトンは、彼の著書である『パイドロス』の中で、リーダーシップにおける「言葉の力」について、ここまでやるか、というほどに徹底した考察を展開しています。

パイドロスというのはソクラテスの弟子の名前ですね。プラトンは、著書の中で、自分の師であったソクラテスと、その弟子であるパイドロスとの架空の議論というかたちで、リーダーに求められる「言葉の力」とは、どのようなものだろうかという議論を展開しています。

この議論の中で、レトリック＝修辞に対置されているのは、ダイアローグ＝対話です。非常に興味深いことに、『パイドロス』では、リーダーにはレトリックが必要だ、と主張する弟子のパイドロスに対して、プラトンの師匠であるソクラテスがこれを批判し、真実に至る道はダイアローグ＝対話にしかないんだ、と説得する構成になっているんですね。

なぜ、ソクラテスがこういうことを言っているかというと、レトリックというのは一種の「まやかし」だということなんです。まさに日本人の多くが感じているように、言葉巧みに弁舌を振るって、人を沸き立たせるような技術は、人心を誤らせる、ということです。ソクラテスのこの指摘は、例えばヒトラーの魔術的な演説の力を知っている現在の私たちには、とても説得力のあるものです。だから、ソクラテスは、レトリックなんかに頼っちゃいけない、レトリックは危ない、そんなものには真実に至る道はないんだと諭すわけですが、一方のパイドロスは、自分自身が言葉巧みに弁舌を振るう哲学者や政治家に憧れているわけで、「やっぱりレトリックは大事じゃないか」と反論する。

この議論は結局パイドロスが押し切られるかたちで終わるわけですが、私たちにとって、重要なのは、プラトン自身も、レトリックが持つ「人を酔わせる、人を舞い上がらせる」力についてば、これを素直に認めているという点です。そして、言うまでもなく、リーダーには自分が率いる人たちを「酔わせ、舞い上がらせる」ことが求められます。是非の問題はともかくとして、レトリックというのはそういう効果がある、ということです。

さて、では「詩」を読むことによって、どのようにしてレトリックを学べるかということなんですが、それは、ずばり**「メタファー（比喩）の引き出し」を増やす**という、この一点に尽きると思います。というのも、多くの優れた詩は「メタファーの力」を活用することで、言葉以上のイメージを読み手に伝えているからです。

例えば、私の大好きな詩の一つに、谷川俊太郎さんの「朝のリレー」という詩があります。

カムチャツカの若者が
きりんの夢を見ているとき
メキシコの娘は
朝もやの中でバスを待っている
ニューヨークの少女が
ほほえみながら寝がえりをうつとき
ローマの少年は

柱頭を染める朝陽にウインクする
この地球では
いつもどこかで朝がはじまっている
ぼくらは朝をリレーするのだ
経度から経度へと
そうしていわば交替で地球を守る
眠る前のひととき耳をすますと
どこか遠くで目覚時計のベルが鳴ってる
それはあなたの送った朝を
誰かがしっかりと受けとめた証拠なのだ

この詩を読むと、私たちは、何ごともない毎日の生活の中に埋没している自分たちが、何か大事な役割を相互に分担しているかのような、不思議な清々しいイメージを持ちます。そのイメージは言うまでもなく、リレーという競技、すなわち「信頼できるメンバーとチームを組み、一人一人が全力で走ったのち、仲間にバトンを託していく」という競技のイメージによって喚起されています。

このような「メタファーの力」は、多くの優れたリーダーが残した名言にも、見て取ることができます。

例えば、本書を執筆している２０１７年2月現在、米国で大きな問題となっているトランプ大統領の移民政策に対して、アップルのティム・クックＣＥＯは、マーティン・ルーサー・キング牧師の「私たちは違う船でやってきた。しかし、いまは同じ船に乗っている」という言葉を引用して、この政策を支持しないことを明言しています。

指摘するまでもありませんが、キング牧師は、人種政策で割れる米国を「同じ船」というメタファーで表現しているわけです。

同様に、欧州が東西に引き裂かれる様を「鉄のカーテン」と表現したウィンストン・チャーチル、再生計画を「ルネッサンス」と名付けたカルロス・ゴーン、瞳の輝きを「１０００ボルト」と表現したアリスの堀内孝雄などなど、**「人のこころを動かす」表現にはいつも優れたメタファーが含まれています。**

レトリック能力と知的活動

さて、このように書くと、もしかしたら批判があるかもしれません。その批判というのは、つまり「メタファーが詩においてもリーダーシップにとっても、レトリックという点で重要だということはわかった。しかし、それはあくまで文章表現上のテクニックに過ぎず、であればゴーストライターなどの専門家に頼めばいいだけの話であって、多忙なエグゼクティブに詩を読めなどというのはナンセンスではないか」というものです。

確かに、レトリックのセンスが、スピーチなどの公式なコミュニケーションの場だけで発動されるのであれば、専門のコピーライターをスピーチライターとして雇えばいい、ということになります。しかし、どうもレトリックの能力は、そのような狭い範囲のみで発動されているわけではなく、私たちの**知的活動のクオリティを左右する極めて重要な要素**らしいのです。

カリフォルニア大学バークレー校の言語学教授であるジョージ・レイコフは、それまで表現技法の問題に過ぎないとして、言語学の中でも傍流として位置付けられていた「メタファー」を、私たちの知的能力の中枢を司るものだと主張しています。

大部分の人はメタファーなどなくとも、日常生活はなんら痛痒を感ずることなくやっていけるものと考えている。ところが、われわれ筆者に言わせれば、それどころか、言語活動のみならず思考や行動にいたるまで、日常の営みのあらゆるところにメタファーは浸透しているのである。われわれが普段、ものを考えたり行動したりする際に基づいている概念体系の本質は、根本的にメタファーによって成り立っているのである。

ジョージ・レイコフ『レトリックと人生』

確かに、私たちは、ある複雑な状況を理解するときに、しばしばメタファーを用います。クライアント企業の役員間の力学を表現する際、「彼はリア王だ」と言えば、複雑な状況説明なしにそれで通じてしまうでしょうし、ある個人の強み・弱みを分析して「エンジンは強力だがブレーキが壊れている」と表現すれば、それで通じてしまうでしょう。

情報処理は一般に、インプット→プロセッシング→アウトプットという流れをとりますが、その全ての段階において、**メタファーを有効に活用することで知的生産を効果的・効率的に行うことが可能**だというのが、レイコフの指摘です。

優れたリーダーが、優れたメタファーを用いて、最低限の情報で豊かなコミュニケーションを行うということは、読者のみなさんも直感的に理解していると思います。

先ほど紹介した谷川俊太郎さんの詩が喚起するイメージを、「リレー」というイメージを用いることなく伝えようとすることは、ほとんど不可能ではないかとすら思います。

リーダーの仕事が人々を動機づけ、一つの方向に向けて束ねることであるとするならば、**リーダーがやれる仕事というのは徹頭徹尾「コミュニケーション」でしかない**、ということになります。となれば、少ない情報量で豊かなイメージを伝達するためのレトリックの根幹をなす「メタファーの技術」を学ぶのは、とても有効だということになり、「優れたメタファー」の宝庫である「詩」を学ぶことは、とても有効なリーダーシップのトレーニングになる、ということです。

八〇歳代の億万長者で、ステレオコンポ会社のCEOであるハーマンは、MBA取得者を雇うことにまったく値打ちを感じないのだという。その代わりに、と彼は言う。『詩人をマネージャーにしなさい』と言うんだ。詩人というのは独創的なシステム思考ができる人だからね。彼らは自分たちの住む世界を観察し、その意味を読み取る義務を感じている。それから、世界の動きを読者が理解できる言葉で表現する。意外なシステム思考者である詩人たちこそ、真のデジタル思考のできる人材なのだ。彼らの中から、明日の新たなビジネスリーダーが現れると、私は信じている」

ダニエル・ピンク『ハイ・コンセプト』

おわりに

かつてマルクスは、人間自身が生み出した社会システムによって、人間性＝ヒューマニズムが失われる事態を「疎外」という概念を用いて説明しました。そしていま、マルクスの予言通り、日本をはじめとして、世界中でこの「疎外」が発生しています。

具体例を出さないと少しイメージしにくいですか？

例えば「会社」がそうです。会社というのは、もちろん人間が作り出したものですね。その辺の草木と同じように、放っておいたら自然に生えてきた、というような会社は一つもない。全ての会社は、誰かが、なんらかの目的を持って作り出しているわけです。

ところが、この「会社」に所属する人たちには、そこに生きがいを見出せない、なんのために働くのかわからない、という状況が発生している。あまつさえ、その「会社」によって、生命を奪われる人たちも少なくない。人間の作ったシステムによって、人間性が破壊されているわけで、これは「疎外」のわかりやすい例と言えます。

このような社会において、その社会の有り様を問題にせず、むしろそれに最適化することで、システムから多くの利益を吸い取ってやろうと考える人が数多く現れることを予言したのがマックス・ヴェーバーでした。

ヴェーバーは、彼の著書『プロテスタンティズムの倫理と資本主義の精神』の中で、やがて現れるであろう「システムへ最適化した人々」について、次のように指摘しています。

「精神のない専門人、心情のない享楽人。この無のもの《ニヒツ》は、人間性のかつて達したことのない段階にまで登りつめた、と自惚れるだろう」

マックス・ヴェーバー『プロテスタンティズムの倫理と資本主義の精神』

ヴェーバーが指摘した、この「無の者」は、現在の社会において「エリート」と呼ばれる人たちのことです。

彼らは毎晩のように高級レストランでシャンペンを浴びるように飲み、美しい愛人を高級マンションに囲い、渋滞する都市部にフェラーリの爆音を響かせ、フランスの高級リゾートでバカンスを楽しみながら、ヴェーバーの指摘通り「人間性の頂点」にある自分たちに自惚れています。

システムを改変できるのはシステムの内部にいて影響力と発言力を持つエリートですが、そのエリートが、システムの歪みそのものから大きな便益を得ているため、システムの歪みを矯正するインセンティブがない。システムに参加しているプレイヤーが各人の利益を最大化しようとして振る舞うことで、全体としての利得は縮小してしまうわけで、これはゲーム理論でいうナッシュ均衡の状態です。これが、現在の世界が抱えている問題がなかなか解決できない本質的な理由です。

さて、このように指摘すると、現在という社会が、歴史上初めて、このような難しい問題を抱えるに至ったように思われるかもしれません。しかし、歴史を振り返れば、実はこのような状況がかつて発生していたことがわかります。

例えば、歴史に名を残した哲学者を、古代ギリシア時代のソクラテスから、現代のドゥルーズやリオタールまで、時代順に並べてみると面白いことに気づくはずです。西暦で言えば5世紀くらいの時期、人物としてはアウグスティヌスやボエティウスを最後に、13世紀にロジャー・ベーコンやトマス・アクイナスといった人物が登場するまでの800年間ほど、これといった哲学者がいない「空白の時期」があるのです。

これは哲学者だけでなく、自然科学や文学についても同様に見られる現象で、要するにこの時期、欧州は長期的に文化的停滞、いやむしろ「文化的退行」とも言うべき状態に陥っているのです。

信じられないかもしれませんが、古代ギリシアにおいて人文科学・自然科学の分野で巨大な業績を残したアリストテレスの知見や著作は、この時期に欧州ではほとんど失われてしまい、13世紀になってやっとイスラム世界から逆輸入される形で復活するまで、一部の著作を除いては失われていたんですね。

私たちは、歴史的な時間の流れを、不可逆な「発展・進化の流れ」と捉える傾向がありま す。ヘーゲルやマルクスは、そのような歴史観の代表的な論者であり、20世紀後半のナイーブなインテリは、その「物語」にコロリとやられたわけですが、この考え方は事実に反しています。

ヨーロッパ中世の文化的逆行に代表されるように、歴史というのは数世紀という単位で逆行することもありうる。そして当然ながら、私たちが生きている21世紀も、かつて発生した

「文化的退行の時代」に陥る可能性があるわけです。

さて、話を元に戻せば、数世紀にわたって続いたこの長期的な停滞に終止符を打ったのが、ご存知、イタリアから始まったルネサンスでした。

14世紀のイタリアから始まったルネサンスでは、それまでの数百年にわたって、文化・文明を含むあらゆる面で欧州の人々の生活を支配したキリスト教的なシステムから離れて、個人が自由に表現し、思考することが推奨されるようになりました。ルネサンスはよく「人文復興」と訳されますが、要するに「人間性＝ヒューマニズム」の回復が起こったわけです。

本書でこれまでずっと考察してきた枠組みを用いて説明すれば、**それまで神様に委ねられてきた「真・善・美」の判断を、自分たち人間が担うようになった**わけです。この大きな転換が、「真・善・美」それぞれに対応する形で、科学・哲学・芸術の大きな発展につながっていったわけです。

私は、21世紀という時代が、「新しいルネサンス」になればいいのになあ、と思っています。これから1000年後、31世紀の歴史の授業において、21世紀という時代が「文化的停滞の暗黒時代」として教えられるか、あるいは「2世紀にわたった文化的停滞を終焉させた二度目のルネサンス」として教えられるか、それはひとえに私たち自身の選択にかかっています。

膨大な地中海史の研究で知られる歴史学者のフェルナン・ブローデルは、歴史について「ある日、神様がやってきて、鐘をガランガラン鳴らしながら『今日から新しい時代が始まりますよ』というように転換するものではない」と語っています。なんとはなしに「このままでは何かがおかしい」と感じて行動をあらためる人が、少しずつ増えていくことで歴史というのは転換していくものなのです。

そしていま、14世紀のイタリアで起きたような水面下での転換は、すでに起こりつつあると、私は考えています。それは「物質主義・経済至上主義による疎外が続いた暗黒の19〜20世紀が終わり、新たな人間性＝ヒューマニズム回復の時代が来た」と表現されるべき転換です。

この兆しは現在、様々な領域に、様々な形態をとって噴出しつつあるのですが、その点について詳細に述べるのは本書の趣旨とは外れるのでここでは触れません。

しかし、一点指摘するとすれば、その「兆し」の一つが、多くの組織や個人によって、取り組まれている「美意識の復権」に関する取り組みなのではないか、というのが私の結論です。そして、その最もわかりやすい兆しが、「システムから大きなメリットを得ているエリートが、システムそのものの改変を目指して、美意識を鍛えている」という現象なのです。
読者の皆様におかれては、本書が、世の中で通説とされる「生産性」「効率性」といった外部のモノサシではなく、「真・善・美」を内在的に判断する美意識という内部のモノサシに照らして、自らの有り様を考えていただくきっかけになれば、著者にとってこれほどの幸福はありません。

2017年6月。初夏の葉山にて、海に沈む夕日を眺めながら。

山口　周

山口周（やまぐちしゅう）
1970年東京都生まれ。慶應義塾大学文学部哲学科卒業、同大学院文学研究科美学美術史学専攻修士課程修了。電通、ボストン・コンサルティング・グループ等を経て、組織開発・人材育成を専門とするコーン・フェリー・ヘイグループに参画。現在、同社のシニア・クライアント・パートナー。専門はイノベーション、組織開発、人材／リーダーシップ育成。著書に『グーグルに勝つ広告モデル』（岡本一郎名義）『天職は寝て待て』『世界で最もイノベーティブな組織の作り方』『外資系コンサルの知的生産術』（以上、光文社新書）、『外資系コンサルのスライド作成術』（東洋経済新報社）など。神奈川県葉山町に在住。

世界《せかい》のエリートはなぜ「美意識《びいしき》」を鍛《きた》えるのか？
経営《けいえい》における「アート」と「サイエンス」

2017年7月20日初版1刷発行
2024年11月10日　27刷発行

著　者 ── 山口周
発行者 ── 三宅貴久
装　幀 ── アラン・チャン
印刷所 ── 堀内印刷
製本所 ── ナショナル製本
発行所 ── 株式会社光文社
東京都文京区音羽1-16-6(〒112-8011)
https://www.kobunsha.com/
電　話 ── 編集部03(5395)8289　書籍販売部03(5395)8116
制作部03(5395)8125
メール ── sinsyo@kobunsha.com

ISBN 978-4-334-03996-7

870
世界一美味しい煮卵の作り方
家メシ食堂　ひとりぶん１００レシピ

はらぺこグリズリー

人気ブログ「はらぺこグリズリーの料理ブログ」を運営する著者による、「適当で」「楽で」「安くて」「でも美味しい」厳選料理レシピ集。家メシ、ひとりメシが１００倍楽しくなるぞ！

978-4-334-03973-8

871
すべての教育は「洗脳」である
21世紀の脱・学校論

堀江貴文

学校は「尖った才能」を潰す〝凡人〟生産工場である。その軛から逃れるには、「好きなこと」にとことんハマればいい。真に自由な生き方を追求するホリエモンが放つ本音の教育論。

978-4-334-03974-5

872
おひとり京都の晩ごはん
地元民が愛する本当に旨い店50

柏井壽

京都のひとり旅で最も難渋するのは晩ごはんではないか――。年間100回以上の「ひとり晩ごはん」を楽しむ京都在住の著者が、足繁く通う店を厳選。出張・旅行で、もう困らない！

978-4-334-03975-2

873
イケてる大人　イケてない大人
シニア市場から「新大人市場」へ

博報堂　新しい大人文化研究所

45～69歳の大人男性層、および20代の男女若者層に対して行われた「イケてる大人の意識・実態調査」をベースに、どんな行動や態度がイケてるか、イケてないかをあぶり出す！

978-4-334-03976-9

874
育児は仕事の役に立つ
「ワンオペ育児」から「チーム育児」へ

浜屋祐子　中原淳

残業大国・日本の働き方は、共働き世帯が変えていく。「育児経験がリーダーシップ促進など、ビジネスパーソンによい影響を与える」という画期的研究を元に、未来の働き方を考える。

978-4-334-03977-6

875
トランプが戦争を起こす日
悪夢は中東から始まる
宮田律

アメリカ歴代大統領の大きな課題、対中東戦略。しかし、新政権からは「反・嫌イスラム」の発言が相次ぐ。不穏な空気が流れ始めた、アメリカ―中東関係の「危険な未来」を読む。

978-4-334-03978-3

876
天皇125代と日本の歴史
山本博文

天皇を知れば、日本史がわかる。国家が見えてくる。すべての天皇を網羅する東京大学史料編纂所の名物教授による画期的な天皇史。生前退位を知るために今押さえておきたい一冊！

978-4-334-03980-6

877
巨大企業は税金から逃げ切れるか？
パナマ文書以後の国際租税回避
深見浩一郎

超富裕層やグローバル企業に富が偏在する現代。私たちは国際的租税回避問題とどう向き合うべきか。「次なるタックス・ヘイブン」は生まれるのか。新たな社会システムの胎動を読む。

978-4-334-03981-3

878
データ分析の力 因果関係に迫る思考法
伊藤公一朗

因果関係を見極めることは、ビジネスや政策における様々な現場で非常に重要だ。本書では数式を使わず、ビジュアルによって、因果関係分析に焦点を当てたデータ分析の入門を展開する。

978-4-334-03986-8

879
風俗嬢の見えない孤立
角間惇一郎

「断たれるセカンドキャリア」や「なんともいえない生きづらさ」……etc. のべ五〇〇〇人以上の風俗嬢の生の声からわかった、「夜の世界」からみた日本社会の課題とは。

978-4-334-03984-4

880
子育てに効くマインドフルネス
親が変わり、子どもも変わる
山口創
「今、ここ」に意識を向けるマインドフルネスで、子育てが楽になり、心も脳も強くなる——身体心理学者が最新の研究成果を交えつつ、親が、そして子どももできる実践法を紹介する。
978-4-334-03985-1

882
ドキュメント 金融庁 vs. 地銀
生き残る銀行はどこか
読売新聞東京本社経済部
「空前の再編ラッシュ」を迎える地方銀行と、改革が進む金融庁。〝稼げない〟時代に、地方銀行や金融機関が生き残るには？　丹念な取材から浮かび上がった、金融界の現状と未来。
978-4-334-03988-2

883
バッタを倒しにアフリカへ
前野 ウルド 浩太郎
バッタ大発生による農業被害を食い止めるため、ファーブルのような昆虫学者になるため、バッタ博士は単身、モーリタニアへと旅立った。が、それは修羅への道だった……。
978-4-334-03989-9

884
天気痛
つらい痛み・不安の原因と治療方法
佐藤純
雨が降る前に、古傷が痛む。台風が来ると、頭痛がひどい。日本人1000万人が苦しむ「天気痛」。気圧の変化によって生まれるその病態の原因と対処法を、第一人者が解き明かす。
978-4-334-03990-5

885
効かない健康食品 危ない自然・天然
松永和紀
2兆円市場の健康食品に、どこまで科学的根拠があるのか。セレブ御用達のダイエット方法は？　水素水は？　「食のフェイクニュース」に警鐘を鳴らすジャーナリストが暴く「食の真実」。
978-4-334-03991-2

886
「夜遊び」の経済学
世界が注目する「ナイトタイムエコノミー」
木曽崇

夕刻から翌朝までの経済活動を指す「ナイトタイムエコノミー」。今まで見落されてきたこの時間帯の経済振興策の豊富な実例と共に、日本経済の起爆剤としての姿に迫っていく。

978-4-334-03992-9

887
水素分子はかなりすごい
生命科学と医療効果の最前線
深井有

40億年前、生命は「水素の時代」に誕生した。水素分子は脳梗塞、パーキンソン病の治療などに力を発揮する——。臨床研究者へのインタビューも収録した、水素分子医学の入門書。

978-4-334-03993-6

888
アート×テクノロジーの時代
社会を変革するクリエイティブ・ビジネス
宮津大輔

いま、新世代の「最先端テクノロジー・アート創造企業」が世界中から注目されている。それはなぜか。美術史や経営学的な視点を交えながら創造の秘密に肉薄する、本邦初の一冊。

978-4-334-03994-3

889
マクロ経済学の核心
飯田泰之

マクロ経済学は浮世離れした理論ではない。知識があれば景気のトレンド、政策の是非、会社の先行きなどを的確に捉え行動できる。著者独自の導きで〝判断の軸〟を身につける。

978-4-334-03983-7

890
東京郊外の生存競争が始まった!
静かな住宅地から仕事と娯楽のある都市へ
三浦展

どんな街が生き残るか? 東洋経済オンラインで350万PVを記録し所沢市議会でも取り上げられた首都圏人口争奪と「郊外格差」の実態。働き方改革は住まい方改革であるべきだ!

978-4-334-03995-0

891
世界のエリートはなぜ「美意識」を鍛えるのか？
経営における「アート」と「サイエンス」
山口周
論理的・理性的な情報処理スキルだけでは戦えない！――複雑化・不安定化し先の見通せない世界で、「自己実現的消費」が主流になる中、クオリティの高い意思決定をし続けるには？
978-4-334-03996-7

892
本を読むのが苦手な僕はこんなふうに本を読んできた
横尾忠則
「この本の中に、僕の考えてきたことがすべて入っています」（横尾さん）。朝日新聞に八年にわたって掲載された人気書評を書籍化。仕事と人生のヒントがいっぱい詰まった一三三冊。
978-4-334-03997-4

893
うつ・パニックは「鉄」不足が原因だった
藤川徳美
あなたの不調は、鉄・タンパク不足の症状かもしれない。うつやパニック障害の患者を栄養改善で次々に完治させている精神科医が、日本人の深刻な鉄不足と鉄摂取の大切さを説く。
978-4-334-03998-1

894
灯台はそそる
不動まゆう
今日も一人で海に立つ小さな守り人。その姿を知ると愛さずにいられない。省エネにより崖っぷちに立たされる今、灯火を守るファンを増やすため〝灯台女子〟が魅力を熱プレゼン！
978-4-334-03999-8

895
アウトローのワイン論
勝山晋作
writing 土田美登世
「おいしいからいい。おいしくしたいなら自然に造るのがいい」――昭和の時代から活躍するワインの伝道師が初めて語る、固定観念に縛られないワインの楽しみ方と、その行き着く先。
978-4-334-04301-8